Par les
Portes
d'Or

UNICURSAL

Copyright © 2019

Éditions Unicursal Publishers
www.unicursalpub.com

ISBN 978-2-89806-080-9

Première Édition, Samhain 2019

Tous droits réservés pour tous les pays.

Mabel Collins

Par les Portes d'Or

Éléments de Réflexion

1887

Classiques Théosophiques

UNICURSAL

Un jour que j'étais assise, seule, à écrire, un mystérieux visiteur entra sans s'annoncer dans mon cabinet de travail et vint se placer à côté de moi. J'oubliai de lui demander qui il était, ou pourquoi il était entré avec si peu de cérémonie, car il se mit à me parler des Portes d'Or. Il parlait avec l'autorité de la connaissance, et si enflammé était son langage que j'eus la foi. J'ai noté ses paroles ; mais hélas, je ne puis espérer que le feu brillera aussi intensément dans mon écrit que dans ses mots.

PROLOGUE

Tout homme a une philosophie de la vie qui lui est propre, excepté le véritable philosophe. Le rustre le plus ignorant a une certaine conception du but qu'il cherche dans la vie, et des idées bien définies quant à la façon la plus facile et la plus sage d'atteindre ce but. L'homme ordinaire est souvent, inconsciemment, un philosophe de premier ordre. Il organise sa vie selon des principes très clairs, et il ne se laissera jamais ébranler de sa position par un coup du sort. L'homme qui pense et exerce son imagination a moins de certitude, et se trouve sans cesse dans l'incapacité de formuler ses idées sur le sujet qui intéresse le plus profondément la nature humaine — la vie humaine elle-même. Le vrai philosophe est celui qui n'aura jamais aucune prétention à ce titre, et qui a découvert que le mystère de la vie n'est pas accessible à la pensée ordinaire, exactement comme le vrai savant confesse son ignorance complète des principes qui se cachent derrière la science.

Existe-t-il un mode de pensée, ou une démarche quelconque du mental qui permette à un homme de saisir les grands principes qui, de toute évidence, existent en tant que causes dans la vie humaine ? — voilà une question qu'aucun penseur ordinaire n'est capable de cerner. Pourtant, la vague notion qu'il doit y avoir une cause derrière les effets visibles, qu'il existe un ordre réglant le chaos, et que la sublime harmonie règne sous les discordes, hante les âmes ardentes de ce monde et les fait aspirer à la vision de l'invisible, et à la connaissance de l'inconnaissable.

Pourquoi désirer et rechercher ardemment ce qui est au delà de tout espoir, avant que les yeux intérieurs ne soient ouverts ? Pourquoi ne pas rassembler les fragments que nous avons à notre portée et voir si, de cette façon, nous ne pouvons pas donner une forme au vaste puzzle ?

CHAPITRE 1

LA RECHERCHE DU PLAISIR

Section 1

Nous connaissons tous cette dure réalité appelée souffrance, qui poursuit l'homme ; chose assez étrange, à première vue, elle ne procède pas selon une méthode vague et incertaine, mais c'est avec une obstination manifeste et soutenue qu'elle le fait. Sa présence n'est pas absolument continue, car dans ce cas l'homme ne pourrait plus vivre, mais son opiniâtreté ne se relâche jamais. Le spectre du désespoir demeure en permanence derrière l'homme, prêt à le toucher de son doigt terrible s'il se trouve satisfait trop longtemps. Qu'est-ce qui a donné à cette ombre effrayante le droit de nous hanter depuis l'heure de notre naissance jusqu'à celle de notre mort ? Qu'est-ce qui lui permet de rester sans cesse à notre porte qu'elle tient toujours entrouverte de sa main impalpable, mais combien horrible, prête à entrer au moment qu'elle juge opportun. Le plus grand philosophe qui ait jamais vécu doit finir par succomber devant elle, et celui-là seul est un philosophe, au sens profond du terme, qui reconnaît qu'on ne peut lui résister et sait, que semblable à tous les autres hommes, il devra souffrir tôt ou tard. Cette souffrance et cette détresse sont une part de l'héritage humain ; et celui qui décide que rien ne le fera souffrir ne fait que s'envelopper d'un manteau d'égoïsme profond et glacé. Mais s'il peut le protéger contre la douleur, ce manteau l'isolera aussi du plaisir. Si l'on doit trouver la paix sur la terre, et goûter une joie quelconque dans la vie, ce ne peut être en fermant les portes de la sensation, qui précisément donnent accès à la partie la plus élevée et la plus vive de notre existence. La sensation, telle que nous l'obtenons par le canal de notre corps, nous apporte tout ce qui nous incite à vivre dans cette forme physique. Il serait inconcevable qu'un homme veuille bien se donner la peine de respirer

CHAPITRE I

si cet acte ne lui procurait pas un sentiment de satisfaction. Il en est de même pour chaque acte, à tout instant de notre vie. Nous vivons parce que la sensation nous est agréable, même celle de la douleur. C'est la sensation que nous désirons; s'il n'en était pas ainsi, d'un commun accord, nous goûterions des eaux profondes de l'oubli, et la race humaine s'éteindrait. Si tel est le cas dans la vie physique, il en est évidemment de même pour la vie des émotions — l'imagination, la sensibilité aux différents aspects, et toutes ces créations raffinées et délicates qui, avec le merveilleux mécanisme enregistreur du cerveau, constituent l'homme intérieur ou subtil. La sensation est ce qui fait leur plaisir; une suite infinie de sensations constitue pour elles la vie. Détruisez la sensation qui leur donne l'envie de persévérer dans l'expérience de l'existence et il ne restera rien. Par conséquent, l'homme qui essaye de faire disparaître le sens de la douleur, et qui se propose de maintenir un état égal, qu'il soit satisfait ou blessé, frappe à la racine même de la vie, et détruit l'objet de sa propre existence. Et ceci doit s'appliquer — pour autant que nous puissions le comprendre avec notre pouvoir actuel de raisonnement ou d'intuition — à tous les états, même à celui du Nirvâna, tant désiré par les Orientaux. En effet, cette dernière condition ne peut être qu'un état de sensation infiniment plus subtile et plus raffinée, du moins si c'est effectivement un état et non l'annihilation; et, d'après notre expérience de la vie, qui est notre base actuelle de jugement, il est clair qu'une subtilité plus grande de la sensation signifie une intensité plus vive; ainsi, par exemple, un homme sensible et imaginatif, éprouve devant l'infidélité ou la fidélité d'un ami une sensation plus forte que ne le pourra jamais un homme de la nature physique même la plus grossière, par l'entremise de ses sens. Il est donc clair que le philosophe qui se refuse à sentir ne se réserve aucun lieu de retraite, pas même le but nirvânique lointain et inaccessible. Il ne peut faire ainsi qu'abandonner son héritage de vie qui est, en d'autres termes, le droit à la sensation. S'il choisit de sacrifier ce qui fait de lui un être humain, il doit se contenter d'une léthargie de conscience, à côté de laquelle la vie de l'huître est un état d'exaltation.

Mais aucun homme n'est capable d'accomplir un tel exploit. Le fait qu'il continue d'exister prouve clairement qu'il continue de désirer la sensation, et qu'il la désire sous une forme si positive et si active que ce désir doit être satisfait dans la vie physique. Il semblerait plus pratique de ne pas se jouer la comédie avec l'artifice trompeur du stoïcisme, et de ne pas tenter le renoncement à une chose que rien ne nous incite à abandonner. Ne serait-ce pas une ligne de conduite plus audacieuse, une manière plus féconde de résoudre la grande énigme de l'existence, que de s'en saisir, et de l'étreindre fermement, pour la forcer à livrer son propre mystère ? Si les hommes voulaient bien considérer un moment les leçons qu'ils ont apprises du plaisir et de la douleur, ils pourraient découvrir beaucoup sur la cause étrange qui produit tous ces effets. Mais les hommes sont enclins à se détourner hâtivement de toute étude de soi ou de toute analyse poussée de la nature humaine. Pourtant, il doit exister une science de la vie aussi intelligible que n'importe quelle autre discipline enseignée dans les écoles. Cette science est inconnue, il est vrai, et son existence est à peine soupçonnée, à peine suggérée par un ou deux de nos penseurs les plus avancés. Le développement d'une science ne fait que découvrir ce qui existait déjà ; et la chimie est aussi magique et incroyable actuellement pour un laboureur que l'est la science de la vie pour un homme doué de perception ordinaire. Pourtant, il existe peut-être, et il doit exister, un être clairvoyant qui perçoit la croissance de la nouvelle connaissance, comme les pionniers de jadis qui réalisèrent les premières expériences de laboratoire ont vu le système de connaissance auquel on est arrivé actuellement se dégager progressivement de la nature, pour l'usage et le bénéfice de l'homme.

Section 2

Sans doute, bien davantage de gens tenteraient de se suicider comme beaucoup déjà le font afin d'échapper au fardeau de la vie s'ils pouvaient être convaincus de trouver l'oubli de cette manière. Mais celui qui hésite avant de boire le poison, dans la crainte de ne provoquer par son acte qu'un changement de mode d'existence, avec peut-être une forme de souffrance plus intense, est un homme faisant preuve de plus de connaissance que ces âmes insensées qui se précipitent follement dans l'inconnu, en s'en remettant à sa bonté. Les eaux de l'oubli sont une réalité bien différente des eaux de la mort, et la race humaine ne peut s'éteindre par la mort aussi longtemps que la loi de la naissance continue d'opérer. L'homme revient à la vie physique comme l'ivrogne revient à sa bouteille de vin — il ne sait pas pourquoi, sinon qu'il désire la sensation produite par la vie, comme l'ivrogne désire celle que lui donne le vin. Les vraies eaux de l'oubli s'étendent bien loin au delà de notre conscience, et ne peuvent être atteintes qu'en cessant d'exister dans cette conscience — c'est-à-dire en cessant d'exercer la volonté qui fait de nous des êtres pleins de sensibilité et d'affectivité.

Pourquoi la créature qu'est l'homme ne retourne-t-elle pas dans cette grande matrice de silence d'où elle est venue, pour y demeurer en paix, comme l'enfant dans le sein de sa mère est en paix, avant que le grand élan de la vie ne l'atteigne ? Elle ne le fait pas parce qu'elle a soif de plaisir et de souffrance, de joie et de chagrin, de colère et d'amour. L'homme malheureux peut bien soutenir qu'il n'a aucun désir de vivre : il prouve la fausseté de ce qu'il dit en vivant. Personne ne peut l'obliger à vivre ;

le galérien peut être enchaîné à sa rame, mais sa vie ne peut être enchaînée à son corps. Le splendide mécanisme du corps humain est aussi inutile qu'une machine dont la chaudière n'est pas allumée, si la volonté de vivre cesse, cette volonté que nous maintenons, résolument et sans relâche, et qui nous permet d'accomplir des tâches qui, autrement, nous rempliraient de découragement comme par exemple l'inspiration et l'expiration constantes du souffle. Nous poursuivons sans nous plaindre, de tels efforts herculéens : nous les acceptons même avec plaisir, pourvu que nous puissions exister, au milieu d'innombrables sensations.

Bien plus, nous nous contentons, en général, de continuer à vivre sans objet ni but, sans aucune idée de la destination vers laquelle nous marchons, sans aucune compréhension du chemin que nous suivons. Quand l'homme devient conscient pour la première fois de cette absence de but, et se rend vaguement compte qu'il s'agit, avec de grands et constants efforts, sans aucune idée de l'objet vers lequel ses efforts sont dirigés, le désespoir propre à la pensée du dix-neuvième siècle s'abat sur lui. Il est perdu, désemparé, et sans espoir. Il devient sceptique, désillusionné, abattu, et se pose la question, apparemment sans réponse : cela vaut-il vraiment la peine de respirer, pour arriver à des résultats aussi inconnus, et vraisemblablement inconnaissables. Mais, en fait, ces résultats sont-ils inconnaissables ? Ou plutôt, pour poser une question plus simple : est-il impossible de tâcher de deviner dans quelle direction se trouve notre but ?

Section 3

Cette question, fruit de la tristesse et de la lassitude, semble appartenir essentiellement à l'esprit du dix-neuvième siècle, mais c'est en fait, une question qui a dû se poser à travers tous les âges. Si nous
pouvions remonter le cours de l'histoire avec intelligence, nous trouverions sans doute qu'elle s'est toujours posée à l'heure où la fleur de la civilisation était arrivée à son plein épanouissement et où ses pétales étaient prêts à s'effeuiller. C'est le moment où l'aspect naturel de l'homme a atteint son apogée : il n'a roulé la pierre jusqu'au sommet du Mont de la Difficulté que pour la voir retomber, au mo-

ment précis où il était gravi — comme ce fut le cas en Égypte, à Rome, en Grèce. Pourquoi tous ces efforts inutiles ? N'est-ce pas là une raison d'inexprimable lassitude et de désespoir que d'accomplir ainsi perpétuellement un travail, et de le voir ensuite détruit ? Pourtant, c'est ce que l'homme n'a cessé de faire à travers toute l'histoire, aussi loin que remontent nos connaissances limitées. Il existe un sommet auquel il parvient, au prix d'immenses efforts conjugués, et où se produit une grande et brillante efflorescence de tous les aspects, intellectuel, mental et matériel, de sa nature. L'apogée de la perfection sur le plan de l'expérience des sens est atteinte ; à partir de ce moment son emprise s'affaiblit, sa puissance décroît, par le découragement et la satiété, il retombe dans la barbarie. Pourquoi ne se maintient-il pas sur les hauteurs atteintes ; pourquoi ne tourne-t-il pas son regard vers les montagnes qui se dressent au delà, et ne se résout-il pas à escalader ces cimes plus élevées ? Parce qu'il est ignorant et que, percevant au loin le scintillement d'une grande lumière, il baisse les yeux, désorienté, ébloui, et retourne prendre son repos sur la pente ombreuse de sa colline familière.

Pourtant, de temps à autre se trouve un être assez courageux pour contempler ce scintillement et pour y discerner un peu de la forme qui s'y trouve contenue. Poètes et philosophes, penseurs et instructeurs, tous ceux qui sont les « frères aînés de la race » ont contemplé cette vision, d'une époque à l'autre, et certains d'entre eux ont reconnu, dans ce scintillement éblouissant, les contours des Portes d'Or.

Ces Portes nous donnent accès au sanctuaire de la nature intime de l'homme, au lieu d'où jaillit son pouvoir de vie, et où il est prêtre de l'autel de vie. Qu'il soit possible d'y entrer et de franchir ces Portes, c'est ce qu'un homme ou deux nous ont montré. C'est ce qu'ont fait Platon, Shakespeare, et quelques autres âmes fortes, et ils nous ont parlé, en un langage voilé, alors qu'ils se tenaient encore près de l'entrée. Quand l'homme fort a passé le seuil, il ne parle plus à ceux qui sont de l'autre côté. Et même les paroles qu'il prononce lorsqu'il se tient à l'extérieur sont si pleines de mystère, si voilées, et si profondes, que seuls ceux qui suivent ses pas peuvent découvrir la lumière qu'elles contiennent.

Section 4

Ce que les hommes désirent, c'est trouver le moyen d'échanger la douleur contre le plaisir ; c'est-à-dire découvrir de quelle façon on pourrait régler la conscience pour ne plus éprouver que la sensation la plus agréable. Une telle découverte est-elle possible à force d'exercer la pensée humaine ? Voilà pour le moins une question digne de considération.

Si le mental de l'homme se fixe sur un sujet donné avec une concentration suffisante, il obtient l'illumination tôt ou tard sur ce point. L'individu particulier en qui apparaît l'illumination finale est appelé un génie, un inventeur, un être inspiré ; mais il n'est que le couronnement d'un immense travail mental créé par des hommes inconnus autour de lui, et remontant très loin dans la nuit des temps. Sans eux, il n'aurait pas eu la matière dont il s'est servi. Même le poète a besoin de nombreux rimailleurs pour s'alimenter. Il est l'essence du pouvoir poétique de son temps, et des temps qui l'ont précédé. Il est impossible de séparer un individu d'une espèce quelconque du reste de ses semblables.

Par conséquent, si au lieu d'accepter que l'inconnu soit inconnaissable, les hommes tournaient, d'un commun accord, leurs pensées vers lui, ces Portes d'Or ne resteraient pas aussi inexorablement closes. Il n'est besoin que d'une main forte pour les ouvrir. Le courage d'y entrer c'est celui de sonder, sans peur et sans honte, le tréfonds de notre propre nature. La clef qui ouvre ces grandes Portes se trouve dans la partie la plus fine, l'essence, le parfum subtil de l'homme. Et lorsqu'elles s'ouvrent, que découvre-t-on? Dans le long silence des âges, il arrive que des voix s'élèvent pour répondre à cette question. Ceux qui les ont traversées ont laissé en héritage à leurs semblables des paroles dans lesquelles nous pouvons trouver des indications précises sur ce qui doit être recherché au delà de ces Portes. Mais seuls ceux qui désirent prendre ce chemin lisent le sens caché à l'intérieur des mots. Les savants, ou plutôt les pseudo-savants, parcourent les livres sacrés des diverses nations, la poésie et la philosophie que nous ont laissées les esprits éclairés, et n'y découvrent rien que de très matériel.

L'imagination, embellissant les légendes de la nature, ou exagérant les possibilités psychiques de l'homme, explique à leurs yeux tout ce qu'ils trouvent dans les Bibles de l'humanité.

Mais ce qui est contenu dans chaque mot de ces livres peut être découvert en chacun de nous; et il est impossible de trouver dans la littérature, ou par quelque autre canal de pensée, ce qui n'existe pas dans l'homme qui se livre à l'étude. Voilà, bien sûr, un fait évident connu de tous ceux qui étudient véritablement. Mais il faut spécialement s'en souvenir en ce qui concerne ce sujet profond et obscur, car les hommes s'imaginent volontiers que rien ne peut exister pour les autres là où eux-mêmes ne perçoivent que le vide.

L'homme qui lit ces livres s'aperçoit bien vite d'une chose : ceux qui l'ont devancé n'ont nullement constaté que les Portes d'Or menaient à l'oubli. Au contraire, passé ce seuil, la sensation devient réelle pour la première fois. Mais elle est d'un ordre nouveau, d'un ordre qui nous est à présent inconnu, et impossible à apprécier, à moins de posséder quelque indice suggestif sur son caractère. Sans aucun doute, un tel indice ne manquera pas d'apparaître au chercheur qui voudra bien se donner la peine de parcourir toute la littérature accessible. Il existe des livres et des manuscrits mystiques qui restent inaccessibles, simplement parce que personne n'est à même d'en lire la première page : telle est la conviction à laquelle arrivent tous ceux qui ont étudié suffisamment le sujet. Car il doit y avoir, d'un bout à l'autre, la ligne continue ; nous la voyons aller de l'ignorance profonde jusqu'à l'intelligence et la sagesse ; il est tout naturel qu'elle s'élève ensuite à la connaissance intuitive et à l'inspiration. Nous possédons quelques rares fragments de ces grands dons de l'homme ; où se trouve donc le grand tout dont ils forment une partie ? Il est caché derrière le voile mince et pourtant apparemment infranchissable qui nous le dissimule comme il nous a caché toute science, tout art, tout pouvoir de l'homme jusqu'au moment où ce dernier a eu le courage de déchirer le frêle obstacle. Ce courage ne peut naître que de la conviction. Dès que l'homme croit que la chose qu'il désire existe, il l'obtient à tout prix. La difficulté, dans ce cas, réside dans l'incrédulité de l'homme. Il faut éveiller un grand courant de pensée et d'attention si l'on veut se tourner vers la région inconnue de la nature de l'homme pour en ouvrir les portes et en explorer les grandioses perspectives.

Tous ceux qui se sont posés la triste question du dix-neuvième siècle — « la vie vaut-elle la peine d'être vécue ? » — doivent admettre que cette tentative mérite d'être faite, quel qu'en soit le risque. Sans doute suffit-il d'aiguillonner l'homme vers un nouvel effort, avec l'idée qu'au delà de la civilisation, de la culture intellectuelle, de l'art et de la perfection mécanique, il y a un autre portail nouveau donnant accès aux réalités de la vie.

Section 5

Lorsqu'il semble que la fin et le but soient atteints et que l'homme n'ait plus rien à faire — à ce moment même où il ne parait plus avoir que deux alternatives : manger et boire, et vivre dans son confort, comme le font les bêtes, ou tomber dans le scepticisme qui est la mort — c'est alors, en fait, s'il veut se donner la peine de regarder, que les Portes d'Or sont devant lui. Ayant assimilé parfaitement en lui la culture de son époque, au point d'en être lui-même une incarnation, il est, à ce moment-là, devenu apte à risquer le grand pas qui est une chose absolument possible, bien qu'elle soit tentée par si peu même parmi ceux qui en ont l'aptitude. Si cette tentative est si rare c'est, en partie, parce qu'elle est entourée de difficultés profondes, mais bien plus encore parce que personne ne comprend que c'est là vraiment la voie où l'on doit obtenir le plaisir et la satisfaction.

Il y a certains plaisirs qui attirent chaque individu; tout homme sait que c'est dans un domaine ou un autre de la sensation qu'il trouve sa plus grande jouissance. Naturellement c'est vers lui qu'il se tourne systématiquement dans la vie, comme l'hélianthe se tourne vers le soleil et le nénuphar se penche vers l'onde. Mais, tout le temps, il lutte avec un fait redoutable qui l'opprime jusqu'à l'âme : à peine a-t-il obtenu son plaisir qu'il le perd à nouveau et qu'il doit, une fois de plus, se mettre à sa recherche. Bien plus, il ne l'atteint jamais en réalité, car il le voit s'échapper au dernier moment. Ceci est dû au fait qu'il s'efforce de saisir ce qui est insaisissable, et de satisfaire la faim de sensation de son âme, par un contact avec des objets extérieurs. Comment ce qui est extérieur peut-il donner satisfaction ou même être agréable à l'homme intérieur — cette chose qui règne au-dedans, et n'a pas d'yeux pour la matière, pas de mains pour toucher les objets, pas de sens avec lesquels saisir ce qui est en dehors de son enceinte magique? Ces barrières enchantées qui l'entourent sont sans limites, car ce régent intérieur est partout; on peut le découvrir en toute chose vivante, et aucune parcelle de l'univers ne peut être conçue en dehors de lui, si l'on considère cet univers comme un tout cohérent. Et si ce point n'est pas accepté dès le début, il est inutile de se mettre à étudier le sujet de la vie. La vie, en vérité, est privée de sens si elle n'est pas universelle et cohérente, et si nous ne comprenons pas que nous existons par le fait que nous sommes un fragment de ce qui est, et non pas en raison de notre propre être.

Voilà l'un des facteurs les plus importants du développement de l'homme: la reconnaissance, l'admission profonde et complète de la loi d'universelle unité et cohérence. La séparation existant entre les individus, entre les mondes, entre les différents pôles de l'univers et de la vie, l'illusion mentale et physique appelée espace, tout cela est un cauchemar de l'imagination humaine. Tout enfant sait que les cauchemars existent, et qu'ils n'existent que pour tourmenter; et ce qu'il nous faut acquérir c'est le pouvoir de discerner entre la fantasmagorie du cerveau qui ne concerne que nous-mêmes, et celle de la vie quotidienne, dans laquelle d'autres êtres sont aussi impliqués. Cette règle s'applique aussi au cas plus général. Cela ne regarde que nous si nous vivons dans un cauchemar d'horreur irréelle, si nous nous imaginons être seuls dans l'univers, et capables d'actions indépendantes tant que nos associés sont seulement ceux qui font partie du rêve; mais lorsque nous désirons parler à ceux qui ont tenté l'expérience des Portes d'Or et les ont ouvertes, il est alors absolument nécessaire — en fait, il est essentiel — d'user de discernement, et de ne pas introduire dans notre vie les confusions de notre sommeil. Si nous le faisons, nous sommes pris pour des fous et nous retombons dans les ténèbres où il n'y a d'autre ami que le chaos. Ce chaos a fait suite à chaque effort de l'homme consigné dans l'histoire ; une fois qu'une civilisation a fleuri, la fleur tombe et meurt, puis l'hiver et l'obscurité la détruisent. Tant que l'homme se refuse à faire l'effort de discernement qui lui permettrait de distinguer entre les formes indistinctes de la nuit et les personnages actifs du jour, ceci doit arriver inévitablement.

Mais si l'homme a le courage de résister à cette tendance réactionnaire, de se tenir fermement sur les cimes qu'il a atteintes et d'avancer le pied pour chercher le pas suivant, pourquoi ne le trouverait-il pas ? Il n'y a rien qui permette de supposer que le sentier s'arrête à un certain endroit, sinon le fait que la tradition l'a dit et que les hommes ont accepté cette affirmation et s'y cramponnent pour justifier leur indolence.

Section 6

L'indolence est en fait la malédiction de l'homme. Comme le paysan irlandais et le bohémien sans patrie vivent dans la saleté et la pauvreté, par pure oisiveté, l'homme de ce monde vit, satisfait des plaisirs des sens, pour la même raison. Le fait de boire des vins fins, de se délecter de mets raffinés, d'aimer les brillants spectacles et la belle musique, les belles femmes, et un cadre luxueux — tout cela ne vaut pas mieux pour l'homme cultivé, et n'est pas plus satisfaisant comme but final de jouissance pour lui que ne le sont les amusements grossiers et l'assouvissement de plaisirs de rustre pour l'homme sans culture. Il ne peut y avoir de point final, car la vie, dans toutes ces formes, n'est qu'une immense série de fines nuances ; et celui qui décide de rester stationnaire au point de culture qu'il a atteint, et se plaît à avouer qu'il ne peut aller plus loin, exprime simplement une affirmation arbitraire pour excuser son indolence. Il y a, bien sûr, la possibilité de dire que le bohémien vit heureux dans sa crasse et sa pauvreté, et que, dans ces conditions, il est aussi grand que l'homme le plus cultivé. Mais cela n'est vrai que tant qu'il est ignorant : dès que la lumière pénètre dans le mental obscurci, l'homme tout entier se tourne vers elle. Il en est de même sur un plan plus élevé ; seulement, à ce stade, la difficulté de pénétrer le mental et d'accepter la lumière est plus grande encore. Le paysan irlandais aime son whisky et, tant qu'il peut s'en procurer, il ne se soucie nullement des grandes lois de la morale et de la religion qui sont censées gouverner l'humanité et pousser les hommes à vivre dans la tempérance. Le gourmet raffiné ne recherche que des fumets délicats et des saveurs parfaites ; mais il est aussi aveugle que le plus simple paysan au fait qu'il existe quelque chose au delà de telles jouissances. Comme le rustre, il est le jouet d'un mirage qui tyrannise son âme, et il s'imagine, ayant une fois goûté une joie sensuelle qui lui plaît, se donner la satisfaction la plus haute par une répétition inlassable jusqu'à arriver finalement à la folie. Le bouquet du vin qu'il aime entre dans son âme et l'empoisonne, ne lui laissant d'autres pensées que celles du désir sensuel ; et il se trouve dans le même état désespéré que l'ivrogne mourant fou. Quel bien l'ivrogne a-t-il obtenu par sa folie ? Aucun, la souffrance a finalement englouti complètement son plaisir et la mort survient mettant fin à son agonie. L'homme subit la peine de mort pour son ignorance persistante d'une loi de la nature, aussi inexorable que celle de la gravitation — une loi qui défend à l'être humain de rester sur place. On ne peut goûter deux fois à la même coupe de plaisir ; la deuxième fois, elle doit contenir soit un grain de poison, soit une goutte d'élixir de vie.

Le même argument est applicable aux plaisirs intellectuels ; la même loi opère. Nous voyons des hommes qui sont la fleur de leur époque au point de vue intellectuel, qui dépassent leurs semblables, et les dominent de cent coudées, et qui finissent par s'enfermer de façon fatale dans une sorte de cage d'écureuil de la pensée où ils s'abandonnent à l'indolence innée de l'âme et commencent à s'illusionner avec la consolation de la répétition. Puis viennent la stérilité mentale et le manque de vitalité, cet état malheureux et décevant dans lequel tombent trop souvent les grands hommes quand l'âge mûr est à peine dépassé. Le feu de la jeunesse, la vigueur du jeune intellect l'emportent sur l'inertie intérieure et portent l'homme à escalader des cimes de la pensée, en remplissant ses poumons mentaux de l'air libre des hauteurs. Mais bientôt la réaction physique se produit, la mécanique physique du cerveau perd son élan puissant et commence à relâcher ses efforts, simplement parce que la jeunesse du corps est finie. Alors, l'homme est assailli par le grand tentateur de la race qui se tient toujours sur l'échelle de la vie, attendant ceux qui parviennent à grimper à ces hauteurs. Il lui verse la goutte de poison dans l'oreille et, dès lors, toute la conscience commence à s'appesantir, et l'homme se trouve épouvanté par la pensée que la vie puisse perdre pour lui toutes ses possibilités. Il redégringole alors sur une plateforme familière d'expérience et y trouve un réconfort à faire vibrer une corde bien connue de passion ou d'émotion. Et trop nombreux sont ceux qui, ayant agi de la sorte, s'attardent en ce point, craignant d'affronter l'inconnu, et se contentent de faire résonner continuellement la corde qui répond le plus aisément. De cette façon, ils conservent la certitude que la vie brûle toujours en eux. Mais, en fin de compte, leur sort est semblable à celui du gourmet et de l'ivrogne. La puissance du sortilège diminue de jour en jour, à mesure que la mécanique qui assure la sensation perd de sa vitalité; et l'homme s'efforce de raviver l'ancienne excitation et ferveur, en frappant la note plus violemment, en étreignant la chose qui le fait sentir, en buvant la coupe empoisonnée jusqu'à la lie fatale. C'est alors qu'il est perdu; la folie tombe sur son âme, comme elle s'abat sur le corps de l'ivrogne. La vie n'a plus aucun sens pour lui, et il se précipite furieusement dans les abîmes de l'aliénation intellectuelle. Un individu de moindre valeur qui tombe dans ce fol égarement lasse l'esprit des autres, en s'accrochant stupidement à une pensée familière et en persistant farouchement dans le ressassement qu'il prétend être le but final. Le voile qui l'entoure est aussi fatal que la mort elle-même, et les hommes qui, dans le passé, étaient à ses pieds, se détournent de lui avec douleur et doivent évoquer ses paroles d'autrefois, pour se souvenir de sa grandeur.

Section 7

Quel est le remède à cette misère et à ces efforts gâchés ? En existe-t-il un ? Sans aucun doute, la vie elle-même possède une logique, et une loi qui rend l'existence possible ; autrement le chaos et la folie seraient les seuls états pouvant être atteints.

Quand un homme absorbe sa première coupe de plaisir, son âme est remplie de cette joie inexprimable qui accompagne une sensation première et neuve. La goutte de poison qu'il met dans sa seconde coupe — et qui, s'il persiste dans sa folie, devra être doublée et triplée, jusqu'à ce qu'à la fin la coupe entière ne soit plus que poison — est le désir ignorant de répéter et d'intensifier le plaisir ; et cela signifie évidemment la mort, selon toute analogie. L'enfant devient homme ; il ne peut conserver son état d'enfance et répéter, intensifier les plaisirs de l'enfance, sinon en payant le prix inévitable et devenant idiot. La plante plonge ses racines dans le sol et développe son feuillage en hauteur ; puis elle fleurit et donne des fruits. La plante qui ne produit que des racines ou des feuilles, persistant indéfiniment dans son développement, est considérée par le jardinier comme une chose qui est inutile et doit être rejetée.

L'homme qui choisit la voie de l'effort et se refuse à accepter que le sommeil de l'indolence engourdisse son âme trouve à ses plaisirs une joie nouvelle et plus raffinée chaque fois qu'il les goûte — un je ne sais quoi de subtil et d'insaisissable qui les éloigne de plus en plus de l'état où la simple sensualité est tout ; cette essence subtile est l'élixir de vie qui rend l'homme immortel. Celui qui le goûte et qui refuse de boire, à moins que cet élixir ne se trouve dans la coupe, voit la vie grandir et le monde s'accroître devant ses yeux ardents. Il reconnaît l'âme dans la femme qu'il aime et la passion devient la paix; il voit dans sa propre pensée les qualités subtiles de la vérité spirituelle qui se tient au delà de l'activité de notre mécanique mentale; alors, au lieu d'entrer dans la ronde sans fin des intellectualismes, il se repose sur les larges ailes de l'aigle de l'intuition, et prend son essor dans l'air éthéré où les grands poètes ont trouvé leur inspiration; il découvre, dans son propre pouvoir de sensation, de plaisir dans l'air frais et le soleil, dans la nourriture et le vin, dans le mouvement et le repos, les possibilités de l'homme subtil, cette chose qui ne meurt pas quand meurt le corps, ou le cerveau. Dans les plaisirs de l'art, de la musique, de la lumière, de la beauté — à l'intérieur des formes que les hommes répètent jusqu'à ce qu'ils ne retrouvent plus que les formes — il découvre, lui, la gloire des Portes d'Or — et il les traverse pour trouver au delà la vie nouvelle qui enivre et fortifie, comme l'air vif des montagnes grise et fortifie par sa vigueur même. Mais s'il a versé, goutte à goutte dans sa coupe, de plus en plus d'élixir de vie, il est assez fort pour respirer cet air intense et pour en vivre. Alors, qu'il meure ou qu'il vive dans la forme physique, il poursuit également sa route et découvre des joies nouvelles et plus raffinées, des expériences plus parfaites et satisfaisantes, à chaque souffle qu'il inspire et expire.

CHAPITRE 2

LE MYSTÈRE DU SEUIL

Section 1

Il n'y a aucun doute qu'en entrant dans une nouvelle phase de vie quelque chose doive être abandonné. Devenu homme, l'enfant rejette ses objets d'enfants. Dans ces paroles[1] et dans beaucoup d'autres qu'il nous a laissées, saint Paul a montré qu'il avait goûté à l'élixir de vie, et qu'il cheminait vers les Portes d'Or. À chaque goutte du breuvage divin versé dans la coupe du plaisir, quelque chose est purgé de cette coupe pour faire place à la goutte magique. Car la Nature traite généreusement ses enfants ; la coupe de l'homme est

---

1 *Corinthiens.* 13, 11. (NDT)

toujours pleine jusqu'au bord, et s'il choisit de goûter l'essence subtile qui donne la vie, il doit rejeter quelque chose de la partie plus grossière et moins sensible de lui-même. Ceci doit être fait chaque jour, à chaque heure, à chaque moment, afin que le breuvage de vie augmente sans cesse. Et pour le faire sans défaillance, un homme doit être son propre maître d'école, reconnaître qu'il a constamment besoin de sagesse, être prêt à pratiquer n'importe quelle austérité, à employer la verge sans hésiter sur lui-même afin d'arriver à ses fins. Il devient évident à toute personne qui considère sérieusement le sujet que seul l'homme qui possède en lui-même les potentialités à la fois du voluptueux et du stoïque a quelque chance d'entrer par les Portes d'Or. Il doit être capable de tester et d'apprécier, dans leur aspect le plus subtil, toutes les joies que la vie peut donner ; et il doit être capable de se refuser tout plaisir, et cela sans souffrir de ce renoncement. Quand il a réalisé l'épanouissement de cette double possibilité, il est alors capable de commencer à passer au crible ses plaisirs et à supprimer de sa conscience ceux qui appartiennent entièrement à l'homme d'argile. Quand ceux-ci sont rejetés, vient le groupe suivant des plaisirs plus raffinés qu'il faut considérer. La façon de disposer de ces derniers, qui permettra à l'homme de découvrir l'essence de la vie, n'est pas la méthode suivie par le philosophe stoïcien.

Celui-ci n'admet pas qu'il puisse y avoir de la joie dans le plaisir, et, en se refusant l'un, il se prive de l'autre. Mais le vrai philosophe qui a étudié la vie elle-même, sans être lié par aucun système de pensée, reconnaît que l'amande se trouve dans la coquille et que, au lieu de l'écraser complètement, comme si elle n'était qu'une nourriture grossière et inutile, son essence peut être trouvée en brisant la coquille et en la jetant. Toutes les émotions, toutes les sensations se prêtent à ce processus; autrement, elles ne pourraient faire partie du développement de l'homme et être un fragment essentiel de sa nature. Car, seuls ceux qui refusent de reconnaître la vie comme distincte de la matière peuvent nier que l'homme a devant lui le pouvoir, la vie et la perfection, et que chaque étape de sa marche en avant contient une foule de moyens pouvant l'aider à atteindre son but. Leur attitude mentale est si totalement arbitraire qu'il est inutile de s'y opposer ou de la combattre. De tous temps, l'invisible a exercé sa pression sur le visible, l'immatériel a dominé le matériel ; de tous temps, les signes et les marques de ce qui est au delà de la matière ont attendu que les hommes de matière les éprouvent et les évaluent. Ceux qui ne veulent pas le faire ont choisi un endroit de repos arbitrairement, et il n'y a rien d'autre à faire que de les y laisser tranquilles, pris dans les rouages de la routine qu'ils croient être la suprême activité de l'existence.

Section 2

Il n'y a aucun doute que l'homme doive s'éduquer à percevoir ce qui se trouve au delà de la matière, comme il doit s'exercer à voir ce qui se trouve dans la matière. Chacun sait que la première période de la vie d'un enfant est un long processus d'ajustement, un apprentissage de l'usage des sens dans leurs domaines particuliers et une pratique de l'exercice d'organes difficiles et complexes encore qu'imparfaits et entièrement tournés vers la perception du monde matériel. L'enfant prend sa tâche au sérieux et va de l'avant sans hésitations, s'il veut vivre. Certains enfants, nés à la lumière de la terre, s'en détournent et refusent de s'attaquer à l'immense tâche qu'ils ont devant eux, et qui doit être accomplie pour rendre possible la vie dans la matière. Ceux-là retournent dans les rangs de ceux qui restent encore à naître; nous les voyons abandonner leur instrument multiple, le corps, et sombrer dans le sommeil. Il en est de même de la masse de l'humanité quand elle a triomphé, conquis et joui dans le monde de la matière. Les individus de cette foule, qui semble si puissante et si confiante dans son domaine familier, deviennent comme des nouveau-nés en présence de l'univers immatériel. Et nous les voyons de tous côtés, chaque jour et à chaque heure, refuser d'y entrer, et retomber dans les rangs des habitants de la vie physique, en s'accrochant aux modes de conscience qu'ils ont expérimentés et qu'ils comprennent. Le rejet intellectuel de toute connaissance purement spirituelle est l'indice le plus marqué de cette indolence dont sont certainement coupables les penseurs de tous calibres.

Il est évident que l'effort initial est très lourd, et que c'est clairement une question de force ainsi que d'activité volontaire. Mais il n'y a pas d'autre moyen d'acquérir cette force, ni d'en faire usage une fois acquise, que par l'exercice de la volonté. Il est vain d'espérer naître avec de grandes possessions. Dans le royaume de la vie, il n'y a pas d'autre hérédité que celle du propre passé de l'homme. Il doit accumuler ce qui lui appartient. Ceci est évident pour tout observateur de la vie qui se sert de ses yeux sans les aveugler par des idées préconçues ; et même quand celles-ci existent, il est impossible à un homme de bon sens de ne pas reconnaître ce fait. C'est de là que provient la doctrine du châtiment et du salut se prolongeant de longs âges après la mort, ou pour l'éternité. Cette doctrine est une façon étroite et inintelligente de présenter le fait dans la Nature que ce qu'un homme sème, il le récoltera. La grande intelligence de Swedenborg vit ce fait si clairement qu'elle le cristallisa en une finalité, se rapportant à l'existence particulière présente, car ses préjugés l'empêchaient de voir la possibilité d'une action nouvelle lorsqu'il n'y a plus de monde des sens pour y agir. Il était trop dogmatique pour une observation scientifique et il se refusa à voir que, comme le printemps fait suite à l'automne, et le jour à la nuit, ainsi la naissance doit suivre la mort. Il s'approcha très près du seuil des Portes d'Or, et ne dépassa le simple intellectualisme que pour s'arrêter un pas plus loin. La vie au-delà qu'il avait entrevue lui parut contenir l'univers ; et, sur son expérience fragmentaire, il édifia une théorie pour y enfermer toute la vie, en refusant tout progrès au-delà d'un tel état et niant toute possibilité en dehors de lui. Ceci n'est qu'une autre forme du pénible engrenage où s'emprisonne la pensée. Mais Swedenborg se tient en tête de ceux qui témoignent de l'existence des Portes d'Or et de la possibilité de les voir depuis les sommets de la pensée et il nous a donné un faible aperçu de la sensation ressentie sur leur seuil.

Section 3

Une fois qu'on a réfléchi à la signification de ces Portes, il est évident qu'il n'existe pas d'autre issue à cette forme de vie qu'en les traversant. Elles seules peuvent conduire l'homme à l'endroit où il devient le fruit dont le stade humain est la fleur. La Nature est la meilleure des mères pour ceux qui ont besoin d'elle ; elle ne se fatigue jamais de ses enfants et ne désire jamais qu'ils diminuent en nombre. Ses bras accueillants s'ouvrent tout grand à la multitude qui désire naître et vivre dans les formes ; et, tant qu'ils continuent à le désirer, elle continue à les accueillir en souriant. Pourquoi donc fermerait-elle ses portes à quiconque ? Quand, dans son coeur, une seule vie n'a pas épuisé la centième partie du désir de l'âme pour la sensation telle qu'elle la trouve ici-bas, pour quelle raison cette âme partirait-elle vers un autre lieu ? Il est certain que les semences du désir germent là où le semeur les a semées. Cela semble bien raisonnable ; et, sur ce fait apparemment logique par lui-même, le mental indien a basé sa théorie de la réincarnation, de la naissance et de la renaissance dans la matière, doctrine qui est devenue un aspect si familier de la pensée orientale qu'elle n'a plus à être démontrée. L'Indien sait que c'est vrai, tout comme l'Occidental sait que chaque jour qu'il vit n'est qu'une unité de l'ensemble des jours constituant la durée de la vie d'un homme. Cette certitude que possède l'Oriental concernant les lois naturelles qui régissent le grand cycle de l'existence de l'âme est simplement acquise par des habitudes de pensée. Le mental de beaucoup d'Orientaux est fixé sur des sujets qu'en Occident on estimerait impensables. C'est ainsi que l'Orient a produit les fleurs grandioses de la croissance spirituelle de l'humanité. Sur les traces mentales de millions d'hommes, le Bouddha a traversé les Portes d'Or ; et c'est parce qu'une foule immense se pressait sur le seuil qu'il a pu laisser derrière lui des paroles qui prouvent que ces Portes peuvent s'ouvrir.

CHAPITRE 3

L'EFFORT INITIAL

Section 1

L'on voit très aisément que l'homme n'est pas plus près de l'âme des choses à un certain moment de son existence et de ses expériences qu'à aucun autre. Cette âme, l'essence sublime qui remplit l'air d'une lueur étincelante, est toujours là derrière les Portes qu'elle colore de sa lumière. Mais l'on perçoit immédiatement qu'il n'y a pas qu'un seul sentier vers elle, puisque cette âme doit être, par sa nature même, universelle. Les Portes d'Or ne mènent à aucun lieu spécial; elles ne font que s'ouvrir pour permettre de sortir d'un lieu spécial. L'homme les traverse quand il rejette ses limitations. Il peut briser la coque qui le maintient dans les ténèbres, déchirer le voile qui lui cache l'éternel, en un point quelconque où il lui est le plus aisé de le faire ; et le plus souvent ce point se trouvera là où il s'attendait le moins à le découvrir. Les hommes cherchent un moyen de fuite à l'aide de leur mental, et établissent des lois arbitraires et limitées pour atteindre ce qui leur parait l'inaccessible. Beaucoup, en fait, ont espéré franchir le pas par la voie de la Religion et, au lieu de cela, ils ont créé une forme de pensée et de sentiment si cristallisée, et si rigide, qu'il semble que de longs âges ne suffiront pas pour leur permettre de sortir de l'ornière. D'autres ont cru pouvoir trouver une voie à l'aide de l'intellect pur ; et c'est à ces hommes que nous devons la philosophie et la métaphysique, qui ont empêché la race de sombrer dans la sensualité complète. Mais l'homme qui s'efforce de vivre par la pensée seule finit par demeurer dans des illusions et veut les imposer aux autres comme si elles étaient une nourriture substantielle. Grande est notre dette envers les métaphysiciens et les penseurs transcendantalistes ; mais celui qui les suit jusqu'au bout, oubliant que le cerveau n'est qu'un organe à notre disposition, se retrouve coincé en un point où une lourde roue d'argumentation semble tourner sans fin sur son axe, pour n'aboutir nulle part et n'entraîner aucune charge.

La vertu (ou ce qui semble à chaque homme être la vertu, sa propre norme spéciale de moralité et de pureté) est tenue par ceux qui la pratiquent comme une voie conduisant au ciel. Peut-être est-ce vrai en ce qui concerne le ciel du sybarite moderne, celui qui tire volupté de la vertu. Il est tout aussi facile de devenir un gourmand dans le domaine de la vie pure et de la pensée élevée que dans les plaisirs du goût, de la vue ou de l'ouïe. La satisfaction du plaisir est le but de l'homme vertueux aussi bien que celui de l'ivrogne ; même si sa vie est un miracle d'abstinence et de sacrifice de soi, un moment de réflexion montre qu'en poursuivant ce sentier apparemment héroïque il ne fait que rechercher le plaisir. Avec lui, le plaisir prend une forme aimable parce que les jouissances qu'il en retire ont une saveur douce, et cela lui plaît de donner de la joie aux autres, plutôt que de s'amuser à leurs dépens. Mais la vie pure et les pensées élevées ne sont pas plus des finalités en elles-mêmes que tout autre mode de jouissance ; et l'homme qui s'efforce d'y trouver une satisfaction doit intensifier ses efforts et les répéter constamment mais tout cela en vain. En vérité, il est semblable à une plante verte, et les feuilles en sont splendides; mais il faut plus que des feuilles. S'il persiste dans sa tentative d'une façon aveugle en croyant qu'il a atteint son but, alors qu'il ne l'a même pas perçu, il finit par se trouver au point désolant où l'on fait le bien de force, et où l'acte vertueux s'accomplit sans l'amour qui devrait en rayonner. Il est bien pour un homme de mener une vie pure, comme il est bon d'avoir les mains propres, faute de quoi l'on devient répugnant. Mais la vertu, telle que nous l'entendons actuellement, ne peut avoir plus de rapport particulier avec l'état qui est au delà de notre stade limité, qu'aucune autre partie de notre constitution. L'esprit n'est pas un gaz créé par la matière, et nous ne pouvons forger notre avenir en employant à toute force un seul agent matériel, et en négligeant le reste. L'esprit est l'immense vie sur laquelle repose la matière, comme le monde des roches repose sur l'éther fluide et libre; chaque fois que nous pouvons briser nos limitations, nous nous trouvons sur le rivage merveilleux où Wordsworth vit un jour briller l'éclat de l'or. Quand nous y accédons, tout le présent doit disparaître également — la vertu et le vice, la pensée et la sensation. Il est vrai aussi qu'un homme récolte ce qu'il a semé ; il n'a pas le pouvoir d'emmener avec lui la vertu qui appartient à la vie matérielle. Cependant, l'arôme de ses bonnes actions est un sacrifice bien plus doux que l'odeur du crime et de la cruauté. Mais il se peut, cependant, que par la pratique de la vertu il s'embourbe dans une ornière définie, dans une façon immuable de vivre dans la matière, d'une façon si rigide qu'il est inconcevable mentalement que la mort elle-même soit un pouvoir suffisant pour le libérer et le jeter sur le large et glorieux océan — en un mot, un pouvoir suffisant pour soulever le lourd et inexorable loquet de la Porte d'Or. Et parfois, l'homme qui a péché si profondément que toute sa nature en est meurtrie, et comme noircie par le feu ardent de la satisfaction égoïste, se trouve finalement si complètement brûlé et carbonisé que, par la violence même de la passion, la lumière jaillit. Il semblerait plus possible à un tel homme de parvenir au moins à atteindre le seuil des Portes qu'à un simple ascète ou philosophe.

Mais il ne sert pas à grand-chose de parvenir au seuil des Portes sans le pouvoir de les franchir. Et c'est là tout ce que le pécheur peut espérer faire par la dissolution de lui-même qui survient à la vision de sa propre âme. Il semble du moins qu'il doive inévitablement en être ainsi, parce qu'il se trouve dans une condition négative. L'homme qui soulève le loquet de la Porte d'Or doit le faire de sa propre main vigoureuse et doit être absolument positif. Nous pouvons arriver à cette conclusion par analogie. En toutes choses dans la vie, lors de tout nouveau pas ou développement, il est nécessaire pour un homme d'exercer sa volonté la plus puissante, s'il veut franchir le pas complètement. En vérité, dans beaucoup de cas, bien qu'il ait tous les avantages et qu'il fasse usage dans une certaine mesure de sa volonté, il échoue dans l'obtention de ce qu'il désire, par manque d'une résolution indomptable, soutenue jusqu'au bout. Aucune éducation au monde ne fera d'un homme une gloire intellectuelle de son temps, même si ses pouvoirs sont grands ; car, à moins qu'il ne désire positivement se saisir de la fleur de la perfection, il ne sera jamais qu'un érudit desséché, un faiseur de phrases, un expert en pensée mécanique, un simple moulin à répéter un savoir appris par coeur. Mais l'homme qui a en lui cette qualité positive s'élèvera en dépit des circonstances adverses, reconnaîtra le grand courant de pensée qui est sa nourriture naturelle, et s'en emparera, et finira par se dresser comme un géant à l'endroit qu'il avait décidé d'atteindre. C'est ce que nous rencontrons pratiquement chaque jour dans la vie courante. Et c'est pourquoi il ne parait pas possible que l'homme qui a simplement réussi par ses passions à faire sombrer la partie dogmatique et étroite de sa nature puisse traverser ces grandes Portes. Mais comme il n'est pas aveuglé par les idées préconçues et n'a pas emprisonné sa pensée dans un cercle sans issue, ni laissé prendre la roue de son âme dans quelque ornière profonde de la vie, il semble bien que, si la volonté positive peut naître un jour en lui, il pourra atteindre de sa main le loquet de la Porte, dans un avenir qui ne sera pas désespérément éloigné.

Sans doute, la tâche dont nous parlons ici est-elle la plus dure qui nous ait jamais été assignée dans la vie — celle qui consiste à libérer un homme de tout préjugé, de toute pensée ou sentiment cristallisé, de toutes limitations, et cela tout en développant en lui la volonté positive. Cela parait à tout le moins un miracle, car, dans la vie ordinaire, la volonté positive est toujours associée aux idées cristallisées. Mais beaucoup de choses qui semblaient trop miraculeuses pour qu'on les réalise ont cependant été accomplies, même si l'on n'envisage que la limite étroite d'expériences accordées à notre humanité actuelle. Tout le passé nous prouve que la difficulté n'est pas une excuse au découragement ; et beaucoup moins encore au désespoir ; autrement le monde aurait été privé de beaucoup de merveilles de la civilisation. Considérons donc la chose plus sérieusement, après avoir habitué notre esprit à l'idée que ce n'est pas une impossibilité.

La grande difficulté initiale consiste à fixer son intérêt sur ce qu'on ne voit pas. Pourtant, nous le faisons chaque jour, et nous n'avons qu'à observer comment cela se produit pour parvenir à guider notre propre conduite. Tout inventeur fixe fermement son intérêt sur l'invisible ; et son succès ou son échec dépend entièrement de la fermeté de cet attachement. Le poète, qui considère son moment de création comme celui pour lequel il vit, découvre ce qui est invisible, et entend ce qui n'a pas de son.

Probablement est-ce dans cette dernière analogie que réside une clef en ce qui concerne le processus qui permet de réussir cette traversée vers le rivage inconnu (« d'où », en vérité, « aucun voyageur ne revient »). Et ceci est valable aussi pour l'inventeur et tous ceux qui dépassent le niveau mental et psychique ordinaire de l'humanité. La clef tient dans ce mot : « création ».

Section 2

Le mot « créer » évoque souvent pour le mental ordinaire l'idée de faire apparaître quelque chose à partir de rien. Ce n'est certainement pas le sens réel ; nous sommes obligés mentalement de donner à notre Créateur un chaos d'où il puisse produire les mondes. Le laboureur du sol, qui est le producteur-type de la vie sociale, doit posséder son matériel, sa terre, son ciel, la pluie et le soleil, et les graines à mettre en terre. Il ne peut rien produire de rien. Hors du vide la Nature ne peut jaillir ; il existe, au delà de toute atteinte, cachée derrière un voile ou dans les profondeurs, une matière avec laquelle la Nature est modelée par notre désir d'un univers. C'est un fait évident que les semences et la terre, l'air et l'eau qui les font germer existent sur tous les plans d'action. Si vous parlez à un inventeur, il vous dira que, bien au delà de ce qu'il réalise actuellement, il perçoit déjà quelque chose d'autre à accomplir, qu'il ne peut encore exprimer avec des mots parce qu'il ne l'a pas encore fait entrer dans notre monde objectif actuel. Cette connaissance de l'invisible est encore plus définie chez le poète, et plus inexprimable tant qu'il ne l'a pas contactée avec telle ou telle partie de la conscience qu'il partage avec les autres hommes. Mais, en fonction directe de sa grandeur, il vit dans la conscience dont l'homme ordinaire ne soupçonne même pas l'existence — cette conscience qui habite un univers plus large, respire dans un espace plus vaste, contemple une terre et un ciel plus grands, et récolte les semences de plantes gigantesques.

C'est cette région de conscience que nous devons atteindre. Le fait qu'elle ne soit pas seulement réservée à des hommes de génie est démontré en observant que les martyrs et les héros l'ont trouvée et s'y sont établis. Elle n'est pas réservée uniquement aux hommes de génie, mais elle ne peut être découverte que par des hommes à l'âme grande.

Dans ce fait il n'y a pas place pour le découragement. La croyance populaire veut que la grandeur chez l'homme soit une chose innée. Cette croyance doit résulter d'un manque de réflexion, d'un aveuglement en face des faits naturels. La grandeur ne s'acquiert que par la croissance ; ce fait nous est constamment prouvé. Les montagnes mêmes, le globe solide lui-même, ne sont grands qu'en raison du mode de croissance particulier à cet état de matérialité, c'est-à-dire par l'accumulation des atomes. Au fur et à mesure que la conscience inhérente à toutes formes existantes passe dans des formes plus avancées de vie, elle devient plus active et, en proportion de cette croissance, elle acquiert le pouvoir de se développer par assimilation, au lieu de le faire par accumulation. Si nous envisageons l'existence de ce point de vue spécial (qui, en vérité, est difficile à maintenir longtemps, car nous considérons d'habitude la vie sur des plans divers et nous oublions les grandes lignes qui relient et traversent ces derniers) nous voyons immédiatement qu'il est raisonnable de supposer que plus nous avancerons au delà de notre stade actuel, plus le pouvoir d'assimilation grandira et se changera, probablement, en une méthode encore plus rapide, plus aisée et inconsciente. L'univers est, en fait, plein de promesses magnifiques pour nous, si seulement nous voulions lever les yeux et regarder. C'est ce fait de lever les yeux qui est la première chose requise, et la première difficulté, car nous sommes bien trop portés à nous contenter facilement de ce que nous voyons à portée de nos mains. C'est la caractéristique essentielle de l'homme de génie d'être comparativement indifférent au fruit qu'il peut toucher du doigt et d'aspirer à ce qui se trouve au loin sur les hauteurs. En fait, il n'a pas besoin du sens du contact pour que s'éveille l'aspiration. Il sait que ce fruit lointain, qu'il perçoit sans l'aide des sens physiques, est une nourriture plus subtile et plus forte que toute autre qui attire ses sens. Et quelle récompense il obtient! Lorsqu'il goûte à ce fruit, combien la saveur en est douée et forte, et quel sens nouveau de la vie s'impose à lui! Car en reconnaissant cette saveur, il a reconnu l'existence des sens subtils, ceux qui nourrissent la vie de l'homme intérieur; et c'est par la force de cet homme intérieur, et par cette force seule, que le loquet des Portes d'Or peut être soulevé.

En fait, c'est uniquement par le développement et la croissance de l'homme intérieur que l'existence de ces Portes et de ce qui se trouve au delà peut être perçue. Tant que l'homme se contente de ses sens grossiers et ne se soucie nullement de ses sens subtils, les Portes restent littéralement invisibles. Comme, pour le rustre, la voie de la vie intellectuelle est une chose incréée et inexistante, ainsi, pour l'homme aux sens grossiers, même si sa vie intellectuelle est active, ce qui se trouve au delà est incréé et inexistant, pour la simple raison qu'il n'ouvre pas le livre.

Pour le domestique qui époussette la bibliothèque du savant, les volumes fermés sont privés de signification ; ils ne semblent pas même contenir une promesse, à moins qu'il ne soit lui-même un savant et non simplement un domestique. Il est possible de contempler pendant toute une éternité un extérieur fermé, par pure indolence — une indolence mentale qui est de l'incrédulité, et dont les hommes finissent par s'enorgueillir ; ils l'appellent scepticisme et parlent du règne de la raison. Cet état ne justifie pas plus l'orgueil que celui du sybarite oriental qui ne veut même pas porter sa nourriture à la bouche ; lui aussi est « raisonnable » en ce sens qu'il n'attache aucune valeur à l'activité et par suite ne l'exerce pas. Il en est de même du sceptique ; la déchéance fait suite à l'état d'inaction, que celle-ci soit mentale, psychique ou physique.

Section 3

Considérons maintenant comment on doit surmonter la difficulté initiale de fixer l'intérêt sur ce qui est invisible. Nos sens grossiers ne se rapportent qu'à ce qui est objectif dans le sens ordinaire du terme ; mais, immédiatement au delà de ce domaine de vie, existent des sensations plus fines qui s'adressent à des sens plus subtils. C'est ici que nous trouvons le premier repère dont nous avons besoin pour passer le gué. L'homme, envisagé de ce point de vue, ressemble à un centre vers lequel convergent de nombreux rayons ou lignes ; et s'il a le courage, ou l'intérêt, de se détacher de la forme de vie la plus simple — le point — et d'aller explorer, ne serait-ce que sur une petite distance, ces lignes ou ces rayons, tout son être, inévitablement, s'élargit et s'épanouit aussitôt, et l'homme commence à croître en grandeur. Mais il est évident — si nous acceptons cette image comme passablement vraie — que la chose la plus importante consiste à ne pas explorer avec persistance l'un des rayons plus qu'un autre, faute de quoi le résultat sera fatalement une difformité. Nous savons tous combien sont puissantes la majesté et la dignité personnelle d'un arbre de la forêt qui a eu assez d'air pour respirer, assez d'espace pour développer ses racines, et de vitalité intérieure pour accomplir sa tâche ininterrompue. Il a obéi à la parfaite loi naturelle de croissance, et le sentiment particulier de respect qu'il inspire provient de ce fait.

Comment est-il possible d'arriver à reconnaître l'homme intérieur, d'observer sa croissance et la favoriser ?

Essayons de suivre un peu plus le sens du repère que nous avons obtenu, bien que les mots ne doivent sans doute pas tarder à devenir inutiles.

Chacun de nous doit voyager seul et sans aide, comme l'alpiniste doit poursuivre seul son ascension lorsqu'il s'approche du sommet de la montagne. Là, aucune bête de somme ne peut l'aider ; de même, aucun sens grossier, ou rien de ce qui touche à ces sens, ne peut le secourir en ce point. Mais pendant une petite distance encore, les mots peuvent nous accompagner.

La langue apprécie le degré de douceur ou de piquant d'un aliment. Pour l'homme dont les sens sont de l'ordre le plus simple, il n'existe pas d'autre idée de douceur que celle-ci. Mais une essence plus subtile, une sensation du même ordre mais d'une nature plus élevée est obtenue par une autre perception. La douceur sur le visage d'une belle femme, ou dans le sourire d'un ami, est perceptible pour l'homme dont les sens intérieurs n'ont même qu'un peu de vitalité — un simple signe d'éveil. Pour celui qui a soulevé le loquet d'or, la source des eaux douées, la fontaine même d'où jaillit toute douceur est accessible et devient partie de son héritage.

Mais avant que l'eau de cette fontaine puisse être goûtée, qu'une source quelconque soit atteinte, un filet d'eau trouvé, une lourde charge doit être enlevée du coeur, une barre de fer qui le rive au sol et l'empêche de s'élever dans toute sa force.

L'homme qui découvre à sa source le flot de douceur, qui pénètre la Nature et toutes les formes de vie, a soulevé cette entrave et s'est élevé à l'état où il n'y a pas d'esclavage. Il sait qu'il est une partie du grand tout, et c'est cette connaissance qui est son héritage. C'est par la rupture du lien arbitraire qui le rive à son centre personnel qu'il atteint sa majorité, et devient maître de son royaume. Tandis qu'il s'épanouit, en avançant grâce à de multiples expériences le long de toutes ces lignes qui sont centrées au point où il est incarné, il découvre qu'il est en contact avec toute vie et qu'il renferme le tout en lui-même. Et alors, il n'a plus qu'à s'abandonner à la grande force que nous appelons le bien, à s'y accrocher étroitement par l'emprise de son âme, pour être transporté rapidement sur les grandes eaux profondes du vécu authentique. Que sont ces eaux ? Dans notre vie présente, nous ne possédons que l'ombre de la substance. Aucun homme n'aime sans connaître la satiété ; aucun homme ne boit de vin sans retrouver la soif. La faim et le désir passionné obscurcissent le ciel et rendent la terre hostile. Ce qu'il nous faut c'est une terre qui portera des fruits vivants, un ciel qui resplendira toujours de lumière. Ayant absolument besoin de cela nous le trouverons sans aucun doute.

CHAPITRE 4

LA SIGNIFICATION DE LA DOULEUR

Section 1

Regardez au coeur profond de la vie d'où surgit la douleur pour obscurcir l'existence des hommes. Elle est toujours là sur le seuil et, derrière elle, se tient le désespoir.

Quelles sont ces deux silhouettes grimaçantes, et pourquoi leur est-il permis d'être constamment sur nos traces ?

C'est nous qui le leur permettons, nous qui les commandons, comme nous permettons et commandons les actions de notre corps ; et ceci tout aussi inconsciemment. Cependant, à l'aide des expériences et des recherches scientifiques, nous avons beaucoup appris concernant notre vie physique, et il semblerait logique que nous puissions obtenir au moins un résultat identique au sujet de notre vie intérieure en adoptant des méthodes similaires.

La douleur éveille, assouplit, brise et détruit. Considérée d'un point de vue suffisamment éloigné, elle apparaît tour à tour comme un remède, un bistouri, une arme, un poison. C'est un instrument, un objet dont il est fait usage, de toute évidence. Ce que nous désirons découvrir c'est celui qui s'en sert ; quelle est la partie de nous-mêmes qui exige la présence de cette chose si détestable pour le reste ?

Le remède est employé par le médecin, le bistouri par le chirurgien ; mais l'arme de destruction n'est employée que par l'ennemi, celui qui hait.

Est-ce donc que non seulement nous faisons usage de moyens (ou désirons le faire) pour le bien de notre âme, mais que nous menons aussi une guerre en nous-mêmes et livrons bataille dans le sanctuaire intérieur ? On dirait qu'il en est ainsi ; car si la volonté de l'homme se relâchait à cet égard, il ne continuerait certainement pas à vivre dans cet état où règne la douleur. Pourquoi désire-t-il sa propre souffrance ?

CHAPITRE 4

La réponse peut sembler, à première vue, qu'il désire avant tout le plaisir et que, de la sorte, il accepte de continuer sur ce champ de bataille où le plaisir est en guerre contre la douleur pour la possession de l'homme, espérant toujours que le plaisir aura la victoire et l'emportera dans son royaume. Ceci n'est que l'aspect extérieur de l'état de l'homme. En lui-même, il sait fort bien que la douleur règne aux côtés du plaisir et que, bien que la guerre dure perpétuellement, elle ne sera jamais gagnée. L'observateur superficiel en conclut que l'homme se soumet à l'inévitable. Mais c'est là un point de vue fallacieux, ne valant pas la peine d'être discuté. En réfléchissant un peu sérieusement, nous découvrons que si l'homme a une existence quelconque, c'est uniquement par l'exercice de ses qualités positives ; il est donc de simple logique de supposer qu'il choisit l'état dans lequel il vivra par l'exercice de ces mêmes qualités.

Si nous admettons donc, selon notre argument, que l'homme désire la souffrance, comment se fait-il qu'il puisse souhaiter quelque chose qui lui soit si pénible ?

Section 2

En examinant avec soin la constitution de l'homme et ses tendances, il semble qu'il existe deux directions définies selon lesquelles il se développe. Il est pareil à un arbre qui plante ses racines dans le sol, tandis qu'il projette ses jeunes branches vers le ciel. Ces deux lignes de force qui émanent du point central personnel sont pour lui claires, définies, intelligibles. Il appelle l'une le bien et l'autre le mal. Mais l'homme n'est pas, selon l'analogie, l'observation, ou l'expérience, une ligne droite. On souhaiterait qu'il en fût ainsi, et que la vie, ou le progrès, ou le développement, ou quel que soit le nom que nous choisissions, ne consistât qu'à suivre une route droite ou une autre, ainsi que le prétendent les gens de religion. Toute la question, tout cet immense problème serait alors aisément résolu. Mais il n'est pas aussi facile d'aller en enfer que le déclarent les prédicateurs. C'est une tâche aussi ardue que de se frayer une voie vers la Porte d'Or. Un homme peut se perdre complètement dans les plaisirs des sens, il peut avilir sa nature entière, semble-t-il, et cependant, il ne parvient pas à devenir le diable parfait, parce qu'il y a toujours en lui l'étincelle de lumière divine. Il essaye de choisir la large route qui conduit à la destruction et entre bravement dans sa carrière précipitée. Mais très vite, il est retenu et décontenancé par quelque tendance en lui à laquelle il ne pensait pas — l'une ou l'autre des multiples autres radiations qui émanent du centre de son soi. Il souffre comme souffre le corps quand il développe des monstruosités qui entravent sa saine activité. Il a créé la douleur, et rencontré sa propre création. Il peut sembler que cet argument soit d'application difficile en ce qui concerne la souffrance physique. Il n'en est pas ainsi si l'on considère l'homme d'un point de vue plus élevé que celui que nous adoptons habituellement. Si on l'envisage comme une conscience puissante qui crée ses manifestations extérieures selon ses propres désirs, il devient évident que la douleur physique résulte d'une difformité dans ces désirs. Sans doute semblera-t-il à beaucoup d'hommes que cette conception de l'être humain est trop gratuite et exige un trop grand saut de l'intelligence dans des domaines inconnus, où toute preuve est impossible. Mais si l'esprit est habitué à considérer la vie sous cet angle, aucun autre ne paraîtra bientôt plus acceptable ; les fils de l'existence qui, pour l'observateur purement matérialiste, paraissent désespérément emmêlés, se séparent et s'ordonnent, de telle sorte qu'apparaît une nouvelle compréhension illuminant l'univers. Le Créateur arbitraire et cruel, infligeant, à son gré, souffrance et plaisir, disparaît alors de la scène ; c'est heureux, car il est en vérité un personnage inutile et, pis encore, une simple créature de baudruche qui ne peut même pas se tenir sur les planches sans être soutenu de tous côtés par des dogmatistes. L'homme vient dans ce monde, sans aucun doute, d'après le même principe qui le fait vivre dans une ville quelconque de la terre ; de toutes façons, s'il semble exagéré de dire qu'il en est ainsi, on peut, à coup sûr, demander pourquoi il n'en serait pas ainsi ? Aucune raison pour ou contre n'en convaincra le matérialiste, ni n'aura de valeur devant un tribunal — mais j'avance ceci en faveur de l'argument : dès qu'il l'a sérieusement considéré, aucun homme ne peut en revenir aux théories limitées des sceptiques. Cela équivaudrait à remettre ses langes d'enfant.

Admettons donc, pour nous en tenir à l'argument, que l'homme est une conscience puissante qui est son propre créateur, son propre juge, et en qui se trouve cachée toute vie en potentialité — même le but ultime — et demandons-nous alors pourquoi il se fait souffrir lui-même.

Si la souffrance est le résultat d'un développement inégal, de poussées monstrueuses, d'une avance défectueuse en différents points, pourquoi l'homme n'apprend-il pas la leçon que cela devrait lui enseigner, et ne se donne-t-il pas la peine de se développer harmonieusement?

Il me semble, en quelque sorte, que la réponse à cette question est que c'est là précisément la leçon que la race humaine est en train d'apprendre. Peut-être cela paraîtra-t-il une affirmation trop audacieuse pour la pensée ordinaire qui considère l'homme comme une créature du hasard, vivant dans le chaos, ou bien comme une âme liée à la roue inexorable du char d'un tyran qui l'entraîne à vive allure vers le ciel ou vers l'enfer. Mais, après tout, une telle façon de penser n'est pas différente de celle de l'enfant qui considère ses parents comme les arbitres suprêmes de sa destinée et, en fait, comme les dieux ou les démons de son univers. En grandissant, il rejette cette idée en découvrant que c'est une question de maturité, et qu'il est lui-même le roi de la vie, comme tout autre homme.

Ainsi en est-il de la race humaine. Elle est reine de son univers, arbitre de sa propre destinée, et il n'y a personne pour lui dire le contraire. Ceux qui parlent de la Providence et du hasard n'ont pas pris le temps de penser.

La destinée, l'inévitable existe, en vérité, pour la race et pour l'individu ; mais qui peut ordonner cela sinon l'homme lui-même ? Il n'y a pas trace au ciel ni sur terre de l'existence d'un être qui ordonnerait, en dehors de l'homme qui souffre ou qui jouit de ce qui est ordonné. Nous savons si peu de chose de notre propre constitution, nous sommes si ignorants de nos fonctions divines qu'il nous est encore impossible d'apprendre à quel point, dans quelle mesure, grande ou petite, nous sommes réellement nous-mêmes le destin. Mais ce que nous savons, en tout cas, c'est que, pour autant que nos perceptions nous le prouvent, aucune trace de l'existence d'un être qui ordonnerait n'a jamais encore été découverte ; tandis que si nous prêtons la moindre attention à la vie qui nous entoure, afin d'observer l'effet de l'action de l'homme sur son propre avenir, nous ne tardons pas à percevoir ce pouvoir comme une force réelle en activité. Elle est visible, malgré la limitation de notre puissance de vision.

Le pur et simple homme de ce monde est de loin le meilleur observateur et philosophe pratique en ce qui concerne la vie, parce qu'il n'est aveuglé par aucun préjugé. On remarquera toujours qu'il croit au fait que ce que l'homme sème il le récolte. Et c'est vrai avec une telle évidence, quand on y prend garde, que si l'on envisage un point de vue plus large, englobant toute la vie humaine, il rend intelligible l'horrible Némésis qui semble pourchasser consciemment la race humaine — l'apparition inexorable de la douleur au milieu du plaisir. Les grands poètes grecs avaient vu si clairement ce spectre qu'ils nous en ont légué l'idée, à nous observateurs plus jeunes et moins clairvoyants, dans leurs observations écrites. Il est peu probable qu'une race aussi matérialiste que celle qui s'est développée partout en Occident aurait pu découvrir par elle-même l'existence de ce terrible facteur dans la vie humaine sans l'aide des anciens poètes

— les poètes du passé. Notons ici en passant cet avantage important de l'étude des classiques : les grandes idées et les faits importants concernant la vie humaine que les admirables auteurs anciens ont consignés dans leur poésie ne seront pas absolument perdus, comme le sont leurs arts. Sans doute, le monde fleurira à nouveau, et des pensées plus grandes, des découvertes plus profondes que celles du passé seront la gloire des hommes de la future moisson ; mais en attendant ce jour lointain, nous ne pourrons jamais apprécier assez les trésors qui nous ont été légués.

Il y a un aspect de la question qui semble réfuter à première vue d'une façon absolue ce mode de pensée, et c'est la souffrance dans un corps, en apparence purement physique, des êtres muets — jeunes enfants, idiots, animaux — et leur besoin désespéré du pouvoir qui résulte de la connaissance, quelle qu'elle soit, pour les secourir dans leurs souffrances.

La difficulté soulevée dans le mental par ce point provient de l'idée insoutenable que l'âme est séparée du corps. Ceux qui ne considèrent que la vie matérielle (et particulièrement les médecins du corps), supposent que l'organisme et le cerveau sont deux partenaires qui vivent ensemble, la main dans la main, et réagissent l'un sur l'autre. Au-delà de cette conception, ils ne reconnaissent aucune cause, et par suite n'en admettent aucune autre. Ils oublient que le cerveau et le corps ne sont évidemment que de simples mécanismes, comme la main ou le pied. Il y a l'homme intérieur — l'âme — derrière la scène, qui fait usage de tous ces mécanismes; et ceci est évidemment la vérité aussi bien pour toutes les existences que nous connaissons qu'en ce qui concerne l'homme lui-même. Nous ne pouvons découvrir aucun point de l'échelle de l'être où les causes engendrées par l'âme cessent, ou puissent cesser d'exister. L'huître inerte doit avoir en elle ce quelque chose qui lui fait choisir la vie inactive qu'elle mène; personne d'autre ne peut la choisir pour elle si ce n'est l'âme, qui se tient à l'arrière-plan, et qui la fait exister. De quelle autre façon pourrait-elle être là où elle se trouve, ou même exister? Ce ne serait que par l'intervention d'un créateur impossible, quel que soit le nom qu'on lui donne.

C'est parce que l'homme est si indolent, si peu disposé à accepter ou à assumer sa responsabilité, qu'il se rabat sur cet expédient temporaire d'un créateur — temporaire en vérité, car il ne peut durer que pendant l'activité du pouvoir cérébral particulier qui trouve place en nous. Quand l'homme laisse derrière lui cette vie mentale, il abandonne nécessairement en même temps sa lanterne magique et les illusions agréables qu'il a évoquées grâce à elle. Cela doit être un moment fort pénible, et provoquer un sentiment de dénuement qu'aucune autre sensation ne peut approcher. Il vaudrait mieux semble-t-il s'épargner cette expérience désagréable en refusant de prendre des fantasmes irréels comme des choses de chair et de sang et de puissance. Sur les épaules de son Créateur l'homme aime rejeter la responsabilité, non seulement de sa capacité de pécher et de la possibilité de son salut, mais de sa vie elle-même, et de sa conscience même. C'est d'un pauvre Créateur qu'il se contente — un Créateur qui se plaît dans un univers de marionnettes, et s'amuse à en tirer les ficelles. S'il est capable d'un tel amusement, il doit encore être dans sa petite enfance. Peut-être en est-il ainsi, après tout : le Dieu en nous-mêmes est dans son enfance, et refuse de reconnaître son état supérieur. En vérité, si l'âme de l'homme est sujette aux lois de la croissance, de la décrépitude et de la renaissance, comme son corps, alors il n'y a rien d'étonnant à son aveuglement. Mais il n'en est évidemment pas ainsi, car l'âme de l'homme appartient à cet ordre de la vie qui cause les formes mais qui n'en est pas affecté — cet ordre de la vie qui, comme la pure flamme abstraite, brûle partout où elle est allumée. Elle ne peut être modifiée ou affectée par le temps et est, de par sa nature même, au-dessus de la croissance et du déclin. L'âme réside en ce lieu primordial qui est le seul trône de Dieu, — ce lieu d'où émergent les formes de vie, et où elles retournent. C'est le point central de l'existence, où se trouve un foyer permanent de vie, comme celui qui réside au milieu du coeur de l'homme. Et c'est par son épanouissement harmonieux — en commençant par le reconnaître, puis en le développant de façon égale sur les nombreuses lignes rayonnantes de l'expérience — que l'homme parvient, en fin de compte, à atteindre la Porte d'Or, et à en soulever le loquet. Ce processus est la reconnaissance progressive du Dieu dans l'homme ; le but est atteint quand cet état divin est rétabli consciemment dans la gloire qui lui est due.

Section 3

La première chose que doit faire l'âme de l'homme afin de s'engager dans la grande tentative pour découvrir la vie réelle, est pareille à ce que fait d'abord l'enfant dans son désir d'activité du corps — il doit pouvoir se tenir debout. Il est clair que ce pouvoir de se tenir debout, ce pouvoir d'équilibre, de concentration, de rectitude dans l'âme, est une qualité d'un caractère bien défini. Le mot qui se présente immédiatement à l'esprit pour décrire cette qualité est « la confiance ».

Rester immuable au milieu de la vie et de ses changements, et se tenir fermement à l'endroit choisi, est un haut fait que seul peut accomplir celui qui a confiance en lui-même et dans sa destinée. Faute de cela, le flot rapide des formes de la vie, la marée tumultueuse des hommes, les grandes eaux de la pensée, ne manqueront pas de l'emporter et il perdra ce foyer de conscience, d'où il lui était possible de partir pour la grande entreprise. Car il doit être fait en pleine conscience et sans pression de l'extérieur cet acte de l'homme nouveau-né. Tous les grands êtres de la terre ont possédé cette confiance et se sont tenus fermes sur cette plateforme qui était pour eux le seul point solide de l'univers. Pour chaque homme, cette plateforme est nécessairement différente. Chaque homme doit trouver sa propre terre et son propre ciel.

Nous avons le désir instinctif de soulager la douleur mais, en ceci comme en toute autre chose, nous ne nous attachons qu'aux choses extérieures. Nous ne faisons qu'apaiser la souffrance ; et si nous allons plus loin, et la chassons de la première forteresse qu'elle s'était choisie, elle réapparaît dans quelque autre endroit, avec une vigueur redoublée. Si on parvient à la chasser du plan physique par un effort persistant, couronné de succès, elle réapparaît sur les plans du mental ou de l'émotion, où plus personne ne peut l'atteindre. Ce fait peut être aisément vérifié par ceux qui savent relier les différents plans de sensation et qui observent la vie avec ce complément d'illumination. Les hommes considèrent habituellement ces différentes formes de sensation comme étant effectivement séparées, tandis qu'en fait elles ne sont, de toute évidence, que des aspects divers d'un seul centre — celui de la personnalité. Si ce qui jaillit au Centre — la fontaine de vie — exige quelque action qui se trouve entravée et par conséquent cause de la souffrance, la force ainsi créée, étant chassée d'une place forte, doit en trouver une autre; elle ne peut être expulsée. Et tout le barattement de la vie humaine qui produit l'émotion et la détresse existe pour l'usage et les fins de la douleur comme du plaisir. Tous deux ont leur habitat dans l'homme; tous deux réclament le droit de s'exprimer. Le mécanisme merveilleusement délicat de l'organisme humain est construit pour répondre à leur toucher le plus léger; les complications extraordinaires des relations humaines se créent, pourrait-on dire, pour la satisfaction de ces deux grands pôles opposés de l'âme.

La souffrance et le plaisir se tiennent distincts et séparés, comme les deux sexes; et c'est dans la fusion, l'union des deux en un seul, que s'obtiennent la joie, la sensation et la paix profondes. Là où il n'y a ni mâle ni femelle, ni souffrance ni plaisir, là

CHAPITRE 4

le dieu dans l'homme prédomine et c'est alors que la vie est réelle.

Présenter le sujet de cette façon peut rappeler un peu trop le prédicateur dogmatique qui lance ses affirmations du haut d'une chaire, où il sait que nul ne le contredira ; mais c'est du dogmatisme uniquement dans le sens où le récit des efforts d'un savant dans une direction nouvelle est du dogmatisme. À moins que l'existence des Portes d'Or puisse être prouvée comme réelle, et non comme la simple fantasmagorie de visionnaires à l'imagination déréglée, elles ne méritent même pas qu'on en parle. Au dix-neuvième siècle, seuls des faits positifs et des arguments plausibles retiennent l'attention des hommes, et c'est tant mieux. Car, à moins que la vie vers laquelle nous allons devienne de plus en plus réelle et vraie, elle est sans valeur, et c'est perdre son temps que de la poursuivre. La réalité est le plus grand besoin de l'homme, et il exige de l'atteindre quels qu'en soient les dangers et le prix. Qu'il en soit ainsi. Personne ne doute qu'il ait raison. Mettons-nous donc en quête de la réalité.

Section 4

Une leçon bien nette apprise par tous ceux qui ont souffert intensément nous sera d'une grande utilité dans cette étude. Dans la souffrance aigue, un point est atteint où elle ne se distingue plus de son opposé, le plaisir. Il en est bien ainsi, mais très peu ont l'héroïsme, ou la force, de souffrir à un tel point extrême. Et il est aussi difficile de l'atteindre par l'autre route. Seuls, quelques rares élus ont la capacité gigantesque de jouissance leur permettant de parcourir la voie jusqu'à son autre extrémité. La plupart possèdent juste assez de force pour jouir et devenir esclaves du plaisir. Cependant, l'homme a sans aucun doute en lui-même l'héroïsme nécessaire au grand voyage ; autrement, comment les martyrs auraient-ils pu sourire dans la torture ? Comment se fait-il que le grand pécheur qui ne vit que pour le plaisir finisse par sentir vibrer en lui le souffle divin ?

Dans ces deux cas, la possibilité s'est ouverte de trouver la voie ; mais trop souvent, cette possibilité est détruite par le déséquilibre de la nature ébranlée. Le martyr a acquis la passion de la douleur, et vit dans l'idée de la souffrance héroïque ; le pécheur devient aveuglé par la pensée de la vertu, et l'adore comme une fin, un but, une chose divine en elle-même, alors qu'elle ne peut être divine que parce qu'elle est un fragment du tout infini qui inclut le vice aussi bien que la vertu. Comment est-il possible de diviser l'infini — ce qui est un ? Il est aussi peu raisonnable d'attribuer la divinité à un objet quelconque, que de prélever une coupe d'eau dans la mer et de déclarer que l'océan y est renfermé. Vous ne pouvez diviser l'océan ; l'eau salée fait partie de la mer immense et il doit en être ainsi ; mais cependant, vous ne tenez pas la mer dans votre main. Les hommes désirent si ardemment le pouvoir personnel qu'ils sont prêts à enfermer l'infini dans une coupe, l'idée divine dans une formule, afin de pouvoir s'imaginer qu'ils en ont la possession. Mais ces hommes sont ceux qui ne peuvent s'élever, ni s'approcher des Portes d'Or, car le grand souffle de vie les confond ; ils sont frappés d'horreur en découvrant combien il est puissant. Le fétichiste conserve une image de son idole dans son coeur et brûle constamment une bougie devant elle. Elle est sienne, et il se réjouit à cette pensée, même s'il s'incline avec vénération devant elle. Combien d'hommes religieux et vertueux ne sont-ils pas dans ce même état ? Dans le tréfonds de l'âme, la lampe brûle devant un dieu familier — une chose possédée par son adorateur, et soumise à lui. Les hommes s'accrochent avec une ténacité désespérée à ces dogmes, à ces lois morales, à ces principes et modes de foi qui sont leurs dieux lares, leurs idoles personnelles. Demandez-leur de faire brûler la flamme éternelle en seule adoration de l'infini et ils se détourneront de vous. Quelle que soit leur façon de mépriser votre protestation, elle laissera en eux un sentiment de vide douloureux. Car l'âme noble de l'homme, ce roi potentiel qui est en nous tous, sait très bien que cette idole familière peut être renversée et détruite à tout moment, qu'elle est en elle-même sans finalité, sans aucune vie réelle ni absolue. Et l'homme s'est réjoui de sa possession, oubliant que toute chose possédée n'est, en vertu des lois immuables de la vie, qu'une possession temporaire. Il a oublié que l'infini est son seul ami ; il a oublié que dans sa gloire réside sa seule demeure — que seul l'infini peut être son dieu. Là, il se sent comme perdu, tandis qu'au milieu des sacrifices qu'il offre à son idole particulière il trouve un lieu pour se reposer un bref instant — et c'est pour cela qu'il s'y accroche désespérément.

Peu ont le courage d'affronter, même progressivement, la grande solitude désolée qui s'étend en-dehors d'eux-mêmes, et qui y demeurera tant qu'ils s'attacheront à la personne qu'ils représentent, le « Moi » qui est pour eux le centre du monde, la cause de toute vie. Dans leur désir ardent d'un Dieu, ils trouvent la raison qui en justifie l'existence ; dans leur désir d'un corps de sensations, et d'un monde pour y goûter le plaisir, réside pour eux la cause de l'univers. Ces croyances peuvent être cachées très profondément sous la surface et s'y trouver en fait, à peine accessibles, mais dans le fait même qu'elles existent gît la raison pour laquelle l'homme se tient debout. Pour lui-même, l'homme est lui-même l'infini et le Dieu ; il tient l'océan dans une coupe. Dans cette illusion, il nourrit l'égoïsme qui fait de la vie un plaisir et rend la douleur agréable. Dans cette égoïsme profond résident la cause même et la source de l'existence du plaisir et de la souffrance. Car, si l'homme n'oscillait pas entre les deux, et ne se rappelait pas sans cesse par la sensation qu'il existe, il l'oublierait. Et dans ce fait se trouve la réponse à la question : « Pourquoi l'homme crée-t-il la souffrance pour son propre malheur ? »

Il reste encore à expliquer ce fait étrange et mystérieux que l'homme, en s'illusionnant ainsi, ne fait qu'interpréter la Nature à l'envers et à traduire en termes de mort la signification de la vie. C'est une vérité incontestable que l'homme détient vraiment l'infini en lui-même, et que l'océan est réellement contenu dans la coupe ; mais s'il en est ainsi, c'est tout simplement parce que la coupe est absolument inexistante. Elle n'est qu'une expérience de l'infini, qui n'a aucune permanence et qui est susceptible d'être réduite à néant à tout moment. En prétendant que les quatre murs de sa personnalité sont réels et permanents, l'homme commet la vaste erreur qui l'emprisonne dans une suite prolongée d'incidents malheureux, et intensifie continuellement l'existence de ses formes favorites de sensation. Le plaisir et la douleur deviennent pour lui plus réels que le grand océan dont il est un fragment et où se trouve sa demeure ; sans relâche, il se heurte douloureusement contre ces murs où il ressent la sensation, et son soi minuscule oscille dans la prison qu'il s'est choisie.

CHAPITRE 5

LE SECRET DE LA FORCE

Section 1

La force d'aller de l'avant est le besoin premier de celui qui a choisi son sentier. Où peut-on trouver cette force ? En regardant autour de nous, il est aisé de constater où les autres hommes trouvent leur force. Elle a sa source dans une conviction profonde. Par ce grand pouvoir moral se développe dans la vie ordinaire de l'homme — aussi faible soit-il — ce qui lui permet d'aller de l'avant et de réaliser sa conquête. De quelle conquête s'agit-il ? Certes, pas des continents, ni des mondes, mais de lui-même. En atteignant cette suprême victoire, il est admis à pénétrer dans le tout, où tout ce qui peut être conquis et obtenu par l'effort devient immédiatement, non pas sa possession, mais lui-même.

Revêtir une armure, et partir en guerre, en risquant la mort dans le feu du combat, est chose aisée ; mais rester immobile, au milieu de la jungle du monde, conserver son calme dans le tumulte du corps, rester silencieux au milieu des mille cris des sens et des désirs puis, dépourvu de toute armure, sans hâte et sans agitation, se saisir du mortel serpent du soi et le tuer n'est pas chose facile. Pourtant, c'est ce qu'il faut faire ; et ceci ne peut être réalisé qu'au moment d'équilibre où l'ennemi est déconcerté par le silence.

Mais en ce moment suprême, l'homme a besoin d'une force comme aucun héros des champs de bataille n'en requiert. Un grand soldat doit être pénétré d'une profonde conviction de la justice de sa cause, et du bien-fondé de sa méthode. L'homme qui combat contre lui-même, et gagne la bataille, ne peut le faire que lorsqu'il sait que, dans cette guerre, il accomplit la seule chose méritant d'être accomplie, et qu'il perçoit qu'en faisant cela il soumet le ciel et l'enfer, et en fait ses serviteurs. Oui, il se tient au-dessus des deux. Il n'a pas besoin d'un ciel où le plaisir est une récompense promise de longue date ; il ne craint aucun enfer où l'attend la souffrance pour le punir de ses péchés ; car il a conquis, une fois pour toutes, ce serpent ondulant en lui-même, qui se tourne de gauche à droite dans son constant désir de contact, dans sa perpétuelle recherche du plaisir et de la douleur. Jamais plus (une fois la victoire réellement gagnée), il ne peut trembler ni s'exalter à la pensée de ce que l'avenir peut lui réserver. Ces sensations brûlantes, qui lui semblaient être les seules preuves de son existence, il ne les a plus. Comment alors peut-il savoir qu'il vit ? Il le sait uniquement en raisonnant. Et, après un temps, il ne se soucie plus de raisonner à ce sujet. Alors, pour lui, la paix est venue ; et il trouvera dans cette paix le pouvoir qu'il convoitait. C'est alors qu'il saura ce qu'est la foi qui peut transporter les montagnes.

Section 2

La religion tient un homme à l'écart du sentier, l'empêche de progresser, pour plusieurs raisons très claires. D'abord, elle commet l'erreur vitale de faire une distinction entre le bien et le mal. La Nature ne connaît aucune distinction de ce genre ; et les lois morales et sociales qui nous sont assignées par nos religions sont aussi temporaires, et dépendantes de notre mode particulier et de notre forme spéciale d'existence, que le sont les lois morales et sociales des fourmis et des abeilles. Nous sortons de cet état, dans lequel ces choses paraissent définitives, et alors nous les oublions à jamais. On peut aisément le constater si l'on considère qu'un homme aux habitudes et aux idées larges est amené à modifier son code de vie lorsqu'il va habiter parmi un autre peuple. Les gens chez qui il est étranger ont leurs propres croyances religieuses profondément enracinées et leurs convictions héréditaires qu'il ne peut heurter. À moins d'avoir une intelligence odieusement étroite et bornée, il constate que leur forme de loi et d'ordre est aussi bonne que la sienne. Que peut-il faire d'autre alors que d'adapter graduellement sa conduite à leurs règles ? Et puis s'il réside parmi eux de nombreuses années, le contraste frappant de la différence finit par s'atténuer et, en définitive, il oublie où finit leur croyance et où commence la sienne. Et, à ce moment, appartient-il à son propre peuple de conclure qu'il a mal agi, s'il n'a fait de tort à personne et s'il est resté juste ?

Je n'attaque ici ni la loi, ni l'ordre ; je ne parle pas de ces choses avec un mépris inconsidéré. À la place qu'elles occupent elles sont aussi vitales et nécessaires que l'est le code qui régit la vie d'une ruche pour son bon fonctionnement. Ce que je désire souligner, c'est que la loi et l'ordre, en eux-mêmes, sont temporaires et insatisfaisants. Quand l'âme d'un homme quitte son habitat éphémère, l'idée de loi et d'ordre ne l'accompagne pas. Si l'âme est forte, c'est l'extase de l'être vrai et de la vie réelle qui s'en empare, comme le savent bien tous ceux qui ont veillé des mourants. Si l'âme est faible, elle défaille et disparaît, vaincue par le premier souffle de la vie nouvelle.

Suis-je trop affirmatif dans mes paroles ? Ceux-là seuls qui vivent dans la vie active du moment présent, qui n'ont pas veillé les morts et les mourants, qui n'ont pas parcouru les champs de bataille et regardé le visage des hommes, à l'heure ultime de l'agonie, me le reprocheront. L'homme fort quitte son corps exultant de bonheur.

Pourquoi ? Parce qu'il n'est plus retenu et que rien ne le fait plus trembler d'hésitation. Au moment étrange de la mort, la délivrance lui a été accordée et, dans une soudaine ivresse de joie, il reconnaît que c'est la délivrance. S'il avait eu cette certitude plus tôt, il aurait été un grand sage, un homme qui aurait pu régir le monde, car il aurait eu le pouvoir de se régir lui-même, lui et son propre corps. Cette libération des chaînes de la vie ordinaire peut s'obtenir tout aussi facilement durant la vie que par l'effet de la mort. Elle n'exige qu'une conviction suffisamment profonde permettant à l'homme de considérer son corps avec les mêmes émotions que celles qu'il éprouverait en regardant le corps d'un autre homme, ou d'un millier d'hommes. En contemplant un champ de bataille, il est impossible de ressentir l'agonie de tous ceux qui souffrent ; pourquoi alors réaliser votre propre douleur plus intensément que celle d'un autre ? Rassemblez le tout, et envisagez-le d'un point de vue plus large que celui de la vie individuelle. Ressentir avec plus d'acuité votre propre blessure corporelle est une faiblesse due à votre limitation. L'homme développé psychiquement sent la blessure d'un autre aussi fortement que la sienne, et ne sent même pas la sienne s'il est assez fort pour le vouloir. Tous ceux qui ont étudié un peu sérieusement les conditions psychiques savent que c'est là un fait, plus ou moins marqué selon le développement psychique. Dans de nombreux cas, le psychique est plus vivement et égoïstement conscient de sa propre souffrance que de celle d'une autre personne ; mais ce n'est que parce que le développement — remarquable peut-être au point où il en est — n'a atteint encore qu'un certain degré. C'est le pouvoir qui porte l'homme jusqu'au seuil de cette conscience qui est paix profonde et activité vitale.

Il ne peut le conduire plus loin. Mais s'il atteint ce seuil, il est libéré de la domination sinistre de son propre soi. Telle est la première grande délivrance. Considérez les souffrances qui nous viennent de nos expériences et sympathies étroites et limitées. Chacun de nous se tient tout à fait seul, unité solitaire, comme un pygmée dans le monde. Quelle bonne fortune pouvons-nous espérer ? La grande vie du monde tourbillonne autour de nous, et nous sommes en danger, à chaque instant, de nous voir submergés par elle, ou même complètement anéantis. Nous n'avons aucun moyen de défense à lui opposer; aucune armée ne peut être levée pour lui faire face, parce que, dans cette vie, chaque homme livre son propre combat contre tous les autres hommes, et il n'en est pas deux qui puissent se rallier sous la même bannière. Il n'y a qu'un seul moyen d'échapper à ce terrible danger contre lequel nous bataillons à chaque moment. Faire demi-tour et, au lieu de se dresser contre ces forces, s'y joindre; devenir un avec la Nature, et marcher aisément sur son sentier. Ne résistez donc pas aux circonstances de la vie, ne vous révoltez pas contre elles, pas plus que les plantes ne se révoltent contre la pluie et le vent. Alors, d'un seul coup, à votre étonnement, vous trouverez que vous avez du temps et de la force en excès à employer dans la grande bataille que tout homme doit inévitablement livrer — celle qui se déroule en lui-même, celle qui conduit à sa propre conquête.

Certains diront peut-être, à sa propre destruction. Et pourquoi? Parce que, à partir du moment où il commence à goûter la splendide réalité du fait de vivre, il oublie de plus en plus son soi individuel. Il ne combat plus pour celui-ci, ni ne dresse

CHAPITRE 5

sa force contre la force des autres. Il ne se soucie plus de le défendre ou de le nourrir. Et pourtant, lorsqu'il est ainsi indifférent à son bien-être, le soi individuel croît en force et en robustesse, comme les herbes de la prairie, et les arbres des forêts vierges. Que cela se produise ou non le laisse indifférent. Seulement, si c'est le cas, il dispose d'un instrument précieux à portée de la main ; et dans la mesure même de son indifférence complète à ce sujet, son soi personnel grandit en force et en beauté. Ceci se conçoit facilement : une fleur cultivée dans un jardin devient une image dégénérée d'elle-même si on la néglige ; une plante doit être cultivée au plus haut point, et profiter de tout l'art du jardinier, ou bien alors elle doit rester purement sauvage et inculte, nourrie simplement par la terre et le ciel. Quel intérêt peut présenter un état intermédiaire ? Quelle valeur ou quelle force peut-il y avoir dans une rose de jardin négligée, dont chaque bouton est rongé par un ver ? Car une floraison malsaine et dégénérée ne manque pas de se produire à la suite d'un changement arbitraire de conditions, dû à la négligence de celui qui avait été jusqu'alors la providence de la plante dans son développement artificiel. Mais il existe des plaines battues par les vents où les marguerites poussent drues, avec des corolles aux visages de lune telles qu'aucune culture ne peut en produire. Cultivez donc à l'extrême, sans oublier un pouce de votre jardin, ni la plus humble plante qui y pousse ; n'ayez pas l'orgueil stupide et ne commettez pas l'aimable erreur d'imaginer que vous êtes prêts à pouvoir l'oublier, et le soumettre ainsi aux terribles conséquences des demi-mesures. La plante qu'on arrose aujourd'hui et qu'on oublie demain devra dégénérer et mourir. La plante qui n'attend pas d'autre aide que celle de la Nature mesure ses forces immédiatement et, de deux choses l'une : elle meurt pour être recréée, ou bien elle croît pour donner un grand arbre dont les rameaux remplissent le ciel. Mais ne commettez pas l'erreur des gens religieux et de certains philosophes : ne négligez aucune partie de vous-mêmes, tant que vous la considérez comme étant vous-mêmes. Aussi longtemps que le sol appartient au jardinier, c'est son devoir de s'en occuper ; mais, un jour, il peut être appelé d'un autre pays, ou par la mort elle-même et, en un instant, il n'est plus le jardinier, sa mission cesse : il n'a plus aucun devoir de ce genre. Alors, ses plantes favorites souffrent et meurent, les plus délicates retournant se mêler à la terre. Mais bientôt, la Nature sauvage reprend ses droits et couvre le sol d'herbe drue et d'ivraies géantes, ou y nourrit quelque arbrisseau jusqu'à ce que ses branches ombragent tout le jardin. Prenez garde, et soignez votre jardin à l'extrême, jusqu'au moment où vous pourrez vous effacer complètement et le laisser retourner à la Nature, pour devenir comme la plaine battue des vents où croissent les fleurs sauvages. Et plus tard, si vous passez par là et y jetez un coup d'oeil, quoi qu'il soit arrivé, vous n'éprouverez ni regret, ni joie débordante, car vous pourrez dire : « Je suis le sol rocheux, je suis l'arbre géant, je suis les marguerites vigoureuses », indifférents à ce qui fleurit là où s'épanouissaient jadis vos rosiers. Mais vous aurez dû apprendre à étudier les étoiles à certaine fin avant d'oser négliger vos roses et vous permettre de ne pas parfumer l'air de leur senteur cultivée. Vous aurez dû découvrir votre chemin à travers l'air où n'existe aucun sentier et passer de là dans le pur éther ; vous aurez dû vous préparer à soulever la barre de la Porte d'Or.

Cultivez, dis-je, et ne négligez rien. Souvenez-vous seulement, tandis que vous soignez votre jardin et l'arrosez, que vous usurpez impudemment l'oeuvre de la Nature elle-même. Ayant usurpé sa tâche, vous devrez la poursuivre, jusqu'au jour où vous aurez atteint un point où elle n'aura plus le pouvoir de vous punir, où vous ne la craindrez plus, mais où vous pourrez hardiment lui rendre ce qui lui appartient. Elle rit sous cape, la mère puissante, vous surveillant d'un regard furtif et moqueur, constamment prête à réduire toute votre oeuvre en poussière, si vous lui en donnez seulement l'occasion, si vous tombez dans l'oisiveté et devenez négligents. L'oisiveté est mère de la folie, dans le sens où l'enfant est le père de l'homme. La Nature a posé sur lui sa main immense et écrasé tout l'édifice. Le jardinier et ses rosiers sont également brisés et frappés par la grande tempête que son mouvement a créée; ils gisent impuissants jusqu'à ce que le sable les recouvre, et qu'ils soient ensevelis dans une solitude désolée. De ce lieu désertique, la Nature elle-même tirera la substance d'une nouvelle création, en employant les cendres de l'homme qui osa l'affronter, avec autant d'indifférence que les feuilles desséchées de ses cultures. Son corps, son âme et son esprit, sont tous également revendiqués par elle.

Section 3

L'homme qui est fort, qui a résolu de trouver le sentier inconnu, ne fait chaque pas en avant qu'avec la plus grande précaution. Il ne prononce aucune vaine parole, il n'accomplit aucun acte inconsidéré, il ne néglige aucun devoir ou travail, aussi prosaïque ou aussi difficile soit-il. Mais tandis que ses yeux, ses pieds et ses mains remplissent ainsi leur tâche, de nouveaux yeux, de nouveaux pieds, de nouvelles mains naissent en lui. Car son désir ardent et incessant est de suivre cette route où seuls les organes subtils peuvent le guider. Le monde physique, il a appris à le connaître et il sait s'en servir; son pouvoir se transfère graduellement et il reconnaît le monde psychique. Mais il doit apprendre ce qu'est ce monde et savoir s'en servir, et il n'ose pas lâcher la vie qui lui est familière avant d'avoir une prise sur celle qui ne lui est pas familière. C'est lorsqu'il a acquis le pouvoir d'employer ses organes psychiques, comme l'enfant qui, en ouvrant pour la première fois ses poumons, fait usage de ses organes physiques, que sonne pour lui l'heure de la grande aventure. Comme il faut peu de chose — et pourtant comme c'est beaucoup ! L'homme a uniquement besoin d'avoir son corps psychique constitué dans toutes ses parties, comme l'est le corps physique de l'enfant; il a uniquement besoin de la conviction profonde et inébranlable qui anime l'enfant que la nouvelle vie est désirable. Une fois ces conditions remplies, il peut se laisser vivre dans la nouvelle atmosphère, et élever son regard vers le nouveau soleil. Mais il ne doit pas oublier de contrôler sa nouvelle expérience à l'aide de l'ancienne. Il respire encore, mais d'une façon différente; il aspire de l'air dans ses poumons, et prend sa vie du soleil. Il est né dans le monde psychique, et dépend maintenant de l'air et de la lumière psychiques. Mais, là n'est pas son but; ceci n'est qu'une répétition subtile de la vie physique; il doit traverser ce monde en suivant des lois similaires. Il doit étudier, apprendre, grandir et vaincre, n'oubliant jamais, pendant ce temps, que son but est cet endroit où il n'y a ni air, ni soleil, ni lune.

Ne vous imaginez pas que, dans ce processus de progrès, l'homme lui-même se meuve, ou se déplace. Il n'en est pas ainsi. La comparaison la plus juste illustrant ce processus est celle d'une coupe à travers des couches de croûte ou de peau. L'homme qui a complètement appris sa leçon rejette la vie physique ; lorsqu'il a appris parfaitement sa leçon, il rejette la vie psychique ; et ayant appris à fond sa leçon, il rejette la vie contemplative ou la vie d'adoration.

Toutes sont enfin rejetées, et il pénètre dans le grand temple où toute mémoire du soi ou de la sensation est abandonnée sur le seuil, comme les fidèles enlèvent leurs souliers avant d'entrer dans le sanctuaire. Ce temple est l'endroit où se trouve sa propre divinité pure, la flamme centrale qui, bien qu'obscurcie, n'a jamais cessé de l'animer au cours de toutes ces luttes. Et lorsqu'il a trouvé ce foyer sublime, il est aussi ferme que les cieux. Il demeure calme, pénétré de toute connaissance et de tout pouvoir. L'homme extérieur, la personnification qui adore, qui agit et qui vit, poursuit sa route, la main dans la main avec la Nature, et présente toute la vigueur superbe des plantes sauvages de la terre, éclairée par cet instinct qui contient la connaissance. Car, dans ce sanctuaire le plus intime, dans le temple réel, l'homme a découvert l'essence subtile de la Nature elle-même. Il ne peut plus y avoir entre elle et lui aucune différence, ni aucune demi-mesure. Et voici que vient l'heure de l'action et du pouvoir. Dans ce sanctuaire le plus profond, tout peut être trouvé : Dieu et ses créatures, les ennemis qui les guettent, ceux parmi les hommes qui ont été aimés, ceux qui ont été haïs. Il n'existe plus aucune différence entre eux. C'est alors que l'âme de l'homme rit dans toute sa force et son intrépidité, et s'en va dans le monde où ses actions sont requises, et elle provoque l'accomplissement de ces actions, sans appréhension, sans alarme, sans peur, sans regret, et sans joie.

Cet état est possible pour l'homme tandis qu'il vit encore dans le corps physique ; car des hommes vivants l'ont atteint. Seul cet état peut rendre les actions dans le monde physique divines et vraies.

La vie parmi les objets des sens doit être à jamais une forme extérieure pour l'âme sublime — elle ne peut devenir une vie puissante, la vie de réalisation, que lorsqu'elle est animée par le dieu couronné et indifférent qui trône dans le sanctuaire.

Si l'obtention de cette condition est à ce point suprêmement désirable, c'est que, à partir du moment où elle est atteinte, il n'y a plus ni soucis, ni anxiété, ni doute, ni hésitation. Comme un grand artiste peint son tableau, sans crainte et sans jamais commettre d'erreurs qu'il puisse regretter par la suite, ainsi l'homme qui a formé son soi intérieur se comporte avec sa vie.

Mais ceci n'est possible qu'une fois cette condition atteinte. Ce que nous, qui levons les yeux vers les montagnes, brûlons de connaître, c'est le mode d'entrée et la voie vers la Porte. Cette porte est la Porte d'Or fermée par une lourde barre de fer. La voie qui conduit à son seuil donne le vertige, rend malade. Elle n'a pas l'air d'un sentier. Elle semble s'arrêter continuellement, elle longe d'horribles précipices, elle se perd dans des eaux profondes.

Une fois qu'on a franchi le pas et trouvé la voie, il parait extraordinaire que la difficulté ait semblé si grande. Car, là où il semble s'arrêter, le sentier ne fait que bifurquer brusquement ; le passage qui longe le bord du précipice est suffisamment large pour le pied, et il existe toujours un gué ou un bac pour traverser les eaux profondes qui semblent si perfides. Il en est ainsi dans toutes les expériences profondes de la vie humaine. Quand le premier chagrin déchire le coeur, on dirait que le sentier se ferme et qu'une obscurité épaisse a remplacé la clarté du ciel. Pourtant, en tâtonnant, l'âme poursuit son chemin, et ce tournant difficile de la route, en apparence sans issue, est bientôt dépassé.

Ainsi en est-il de beaucoup d'autres formes de torture humaine. Parfois, au cours d'une longue période, ou de toute une vie, le sentier de l'existence est perpétuellement obstrué par ce qui semble d'insurmontables obstacles. Le chagrin, la douleur, la souffrance, la perte de tout ce qu'on aimait et estimait se dressent devant l'âme terrifiée, et l'arrêtent à chaque tournant. Qui place ces obstacles devant elle ? La raison se refuse à admettre l'image enfantine et dramatique que les gens religieux lui présentent — celle d'un Dieu qui permet au Diable de tourmenter ses créatures, pour leur bien suprême ! Quand donc ce bien suprême sera-t-il atteint ? L'idée contenue dans cette image suppose une fin, un but. Il n'y en a pas. Nous pouvons tous arriver à cette conclusion, sans crainte de nous tromper ; car, aussi loin que la raison humaine, l'observation, la pensée, l'intellect ou l'instinct puissent aller pour saisir le mystère de la vie, toutes les données obtenues prouvent que le sentier est sans fin, et que l'éternité ne peut être embrassée ni convertie par l'âme impuissante en un certain nombre de millions d'années.

Dans l'homme, pris individuellement ou comme un tout, existe clairement une double constitution. Je parle ici d'une façon globale, sachant fort bien que les diverses écoles de philosophie le découpent et le subdivisent, selon leurs théories variées. Voici ce que je veux dire : deux grands courants d'émotion pénètrent tous les recoins de sa nature, deux grandes forces guident sa vie — l'une fait de lui un animal, et l'autre en fait un dieu. Aucune bête sur terre n'est aussi brutale que l'homme qui soumet son pouvoir divin à son pouvoir animal. C'est une chose évidente parce que toute la force de sa double nature s'emploie alors dans une seule direction. L'animal, pur et simple, n'obéit qu'à ses instincts et ne désire rien d'autre que de satisfaire son amour du plaisir ; il ne s'occupe guère de l'existence des autres êtres, si ce n'est dans la mesure où ils lui procurent du plaisir ou de la douleur ; il ne connaît rien de l'amour abstrait de la cruauté, ou de toutes autres tendances vicieuses de l'être humain qui n'ont d'autres buts que leur propre satisfaction.

Aussi, l'homme qui devient une bête possède-t-il un million de fois plus d'emprise sur la vie que la bête de la Nature, et ce qui, chez l'animal pur et simple, n'est qu'un plaisir assez innocent, que ne limite aucune loi morale arbitraire, devient chez l'être humain du vice, parce que ce plaisir est satisfait par principe. En outre, il détourne tous les pouvoirs divins de son être dans ce canal et dégrade son âme, en en faisant l'esclave de ses sens. Le dieu, défiguré et travesti, est au service de l'animal et le nourrit.

Envisageons donc s'il n'est pas possible de changer la situation. L'homme lui-même est roi de ce pays où se déroule cet étrange spectacle. Il permet à la bête d'usurper la place du dieu, parce que, pour le moment, l'animal satisfait le plus son royal caprice. Cela ne peut durer toujours ; pourquoi le laisser durer plus longtemps ? Tant que l'animal règnera en maître, il y aura les plus vives souffrances, par suite du changement, des oscillations entre le plaisir et la douleur et du désir d'avoir une vie physique plus longue et agréable. Et le dieu, dans sa capacité de serviteur, intensifie mille fois cet état, en rendant la vie physique tellement plus riche en plaisirs exquis — plaisirs rares, voluptueux, esthétiques — et en rendant la douleur si passionnée qu'on ne sait plus où elle finit et où le plaisir commence. Aussi longtemps que le dieu sera le serviteur, la vie de l'animal sera enrichie et deviendra sans cesse plus précieuse. Que le roi décide donc de changer l'allure de sa cour, et expulse de force l'animal de sa chaire officielle, pour y rétablir le dieu à sa place de divinité.

Quelle paix profonde descend alors sur le palais ! Tout est changé, en vérité. Finie la fièvre des aspirations et des désirs personnels, finie la révolte ou la détresse, finie la soif du plaisir ou la crainte de la douleur. C'est comme un grand calme qui descend sur l'océan déchaîné ; c'est comme une douce pluie d'été qui tombe sur la terre desséchée ; c'est comme l'étang profond que découvre, au milieu du labyrinthe épuisant d'une forêt hostile, le voyageur assoiffé.

Mais il y a bien plus que tout cela. Non seulement l'homme est plus qu'un animal, parce qu'il y a le dieu en lui, mais il est plus qu'un dieu, parce qu'il y a l'animal en lui.

Une fois que vous aurez ramené de force l'animal à la place qui lui revient — celle de l'inférieur — vous vous trouverez en possession d'une grande force jusqu'alors insoupçonnée et inconnue. Le dieu, en tant que serviteur, ajoute mille fois plus d'intensité aux plaisirs de l'animal; l'animal, en tant que serviteur, rend mille fois plus puissants les pouvoirs du dieu. Et c'est par l'union, la juste relation de ces deux forces en lui-même, que l'homme se dresse comme un souverain puissant, et devient capable de soulever, de la main, la barre de la Porte d'Or. Quand ces forces ne sont pas harmonieusement unies, le roi n'est qu'un voluptueux couronné sans pouvoir, dont la dignité ne fait que le tourner en ridicule; car les animaux, non divins, connaissent au moins la paix, et ne sont pas déchirés par le vice et le désespoir.

C'est là tout le secret. C'est là ce qui rend l'homme fort et puissant, capable de saisir dans ses mains le ciel et la terre. Ne croyez pas que cela s'accomplisse aisément. Ne vous imaginez pas à tort que c'est le religieux ou le vertueux qui y parvient. Il n'en est rien. Ils ne font rien d'autre que de fixer une norme, une routine, une loi par laquelle ils tiennent l'animal en respect. Le dieu est obligé de le servir, en un certain sens, et il le fait en lui donnant le plaisir trouvé dans les croyances et les illusions agréables des religieux, avec le sentiment élevé d'orgueil personnel qui fait la joie des gens vertueux. Ces vices spéciaux et canonisés sont des choses trop basses et viles pour qu'elles soient possibles au pur animal, dont le seul inspirateur est la Nature elle-même, toujours fraîche comme l'aurore. Le dieu dans l'homme, quand il est dégradé, est une chose inexprimable dans son pouvoir infâme de production.

L'animal dans l'homme, quand il est élevé, est une chose inimaginable dans son pouvoir immense de service et de force.

Vous oubliez, vous qui laissez vivre votre soi animal, simplement entravé et retenu dans certaines limites, que c'est une grande force, un fragment intégral de la vie animale du monde dans lequel vous vivez. Avec lui, vous pouvez dominer les hommes, et influencer le monde lui-même, d'une façon plus ou moins perceptible, selon votre force. Si vous lui accordez sa juste place, le dieu inspirera et guidera cette créature extraordinaire, l'éduquera et la développera, la forcera à agir et reconnaître sa nature, à un tel point que vous tremblerez en mesurant le pouvoir qui s'est éveillé en vous. L'animal qui est en vous sera alors un roi parmi les animaux du monde.

Tel est le secret des Magiciens de jadis, qui obligeaient la Nature à les servir et à accomplir chaque jour des miracles à leur convenance. Tel est le secret de la race future, anticipé pour nous par Lord Lytton.

Mais ce pouvoir ne peut être atteint qu'en donnant au dieu la souveraineté. Si vous laissez votre animal régner en vous, il ne règnera jamais sur les autres.

ÉPILOGUE

Secrète et cachée dans le coeur du monde et dans le coeur de l'homme se trouve la lumière qui peut illuminer toute vie, l'avenir et le passé. Ne la chercherons-nous pas? Sans doute certains le feront-ils. Et alors peut-être ajouteront-ils ce qui manque à ces modestes éléments de réflexion.

TABLE

Prologue 7
Chapitre 1. — La recherche du plaisir 9
   Section 1 9
   Section 2 14
   Section 3 17
   Section 4 20
   Section 5 24
   Section 6 28
   Section 7 33
Chapitre 2. — Le mystère du seuil 37
   Section 1 37
   Section 2 40
   Section 3 43
Chapitre 3. — L'effort initial 47
   Section 1 47
   Section 2 55
   Section 3 60

Chapitre 4. — La signification de la douleur 65
    Section 1 65
    Section 2 68
    Section 3 78
    Section 4 82
Chapitre 5. — Le secret de la force 89
    Section 1 89
    Section 2 91
    Section 3 101
Épilogue 113

www.ingramcontent.com/pod-product-compliance
Lightning Source LLC
Chambersburg PA
CBHW031650040426
42453CB00006B/258